本书获得教育部人文社会科学研究规划基金项目“中国民间资本转化为私募股权投资的影响因素分析及策略研究”资助（资助号：11YJA790211）

# 民间资本转化为私募股权投资的影响因素研究

STUDY ON INFLUENCING FACTORS OF PRIVATE CAPITAL TURN TO PRIVATE EQUITY

张旭波／著

经济管理出版社
ECONOMY & MANAGEMENT PUBLISHING HOUSE

# 摘 要

民间资本是指由国有企业、外资企业、合资企业以外的其他企业和个人持有的资本。私募股权投资（Private Equity，PE）是指以私募的方式募集资金，投资于企业生命周期中的各个不同发展阶段，在持有一段时间后，退出获利的各种形式的股权资本或与股权相关的资本。民间资本参与PE，极大地活跃了我国的资本市场，促进了我国中小企业的发展，促进企业改制转型以及产业结构的调整，为我国经济发展注入了新的活力。本书从民间资本自身特点出发，分析内、外部因素对我国民间资本向PE转化的影响，提出促进民间资本转化为PE的策略和建议，从而构建我国民间资本向PE转化的政府引导机制。本书的主要内容如下：

（1）民间资本与PE现状。主要运用年鉴及清科、China Vunture等数据库，分析我国民间资本参与PE的历程、民间资本参与PE存在的问题及民间资本背景的PE退出情况。

（2）影响民间资本转化为PE募集资金的实证分析，对资金募集阶段影响民间资本转化为PE募集资金的因素进行了实证研究，在调查问卷的基础上，构建了影响民间资本转化为PE募集资金的结构方程模型，提出了影响因素与民间资本转化为PE募集资金的一系列假设，并对这些假设进行了相关性分析、多元回归分析和结构方程模型拟合，证实“全社会民间资本总量”、“替代投资收益与投资支持政策变化”、“税收”、“政府对PE发展的政策支持”、“PE高管能力”、“PE组织适应力”、“PE收益”对“PE募集资金中民间资本的数量”产生显著影响，其中“政府对PE发展的政策支持”、“PE高管能力”又通过对“PE组织适应力”、“PE收益”的影响，间接影响“PE募集资金中民间资本的数量”。

（3）民间资本背景的PE决策的影响因素的实证分析，对投资阶段影响民间资本背景PE决策的因素进行了实证研究，在调查问卷的基础上，构建了影响民间资本背景PE决策的结构方程模型，提出了影响因素与PE决策的一系列假设，并对这些假设进行了相关性分析、多元回归分析和结构方程分析，证实“区域经济政策”、“区域资源条件”、“企业管理能力”、“企业市场能力”、“退出收益”

对“PE 决策”产生显著影响，其中“区域经济政策”、“区域资源条件”、“企业管理能力”、“企业市场能力”又通过对“退出收益”的作用间接影响“PE 决策”。

(4) 通过对民间资本背景的 PE 退出的影响因素实证研究，对退出阶段影响民间资本背景 PE 退出决策的因素进行了实证研究，在调查问卷的基础上，构建了影响 PE 退出决策的结构方程模型，提出了影响因素与民间资本背景 PE 退出决策的一系列假设，并对这些假设进行了相关性分析、多元回归分析和结构方程分析，证实“支付方式”、“环境”、“相关人员”、“退出渠道”、“退出净收益”对“PE 退出”产生显著影响，“支付方式”、“环境”、“相关人员”、“退出渠道”还通过作用于“退出净收益”，间接影响 PE 退出。

(5) 引导我国民间资本向 PE 合理转化的对策与建议。根据前述的实证研究结果，结合我国民间资本和 PE 现状，分析了民间资本向私募股权转化的意义，提出了引导我国民间资本向 PE 合理转化的对策和建议。

# 目　录

# 第一章　引言

私募股权投资（PE）是指以私募的方式募集资金，投资于企业生命周期中的各个不同发展阶段，在持有一段时间后，退出获利的各种形式的股权资本或与股权相关的资本（张旭波，2009）。清科集团旗下私募通的统计数据显示，中国的PE近十年来呈现快速发展的趋势。2005年中国活跃的股权投资机构只有500家左右，其后，随着证券市场的快速发展、国家政策的支持和引导以及互联网等新兴行业大量投资机会的出现，使得PE市场在投资机构数量、管理资金规模、股权交易数量以及交易规模上取得极大发展。从投资机构数量和管理资金规模上看，到2014年底，中国股权投资市场活跃的投资机构已经超过8000家，是2005年的16倍，这些机构管理资本总量已经超过了4万亿元人民币。从股权交易数量以及交易规模上看，2014年全年中国PE市场股权交易数量达到3626起，比2013年同期增长100.6%；全年募资金额超过5000亿元人民币，股权交易规模近4500亿元人民币，比2013年同期增长129.0%。

民间资本是指由国有企业、外资企业、合资企业以外的其他企业和个人持有的资本。改革开放30多年来，随着我国私营部门的快速发展，我国民间资本规模迅速扩大，基本上已完成资本的原始积累，近些年来，民间资本已呈现资本积聚与资本集中的趋势，其中，大量民间资本参与PE，极大地活跃了我国的资本市场，对我国企业特别是中小企业的发展以及企业的转型改制和产业结构调整起到促进作用，为我国经济发展提供了新的活力（张旭波，2009）。但是我们也看到，由于政策和引导机制的缺失，民间资本在寻求新投资领域时既缺乏产业方向和目标，又缺乏合理规范的投资方式，向追求短期利益的“游资”方向发展的趋势比较明显。引导民间资本转化为PE，投向国民经济发展需要的行业和部门，为我国各级政府对民间资本合理引导和管制制定可行政策提出建议，乃是我国经济管理科技工作者当务之急的研究课题，也是本书的重要目标与任务。

PE是发达国家社会资本合理开发和利用的一个重要途径。PE的自身治理和政府监管在发达国家也已有成熟的经验，并促进了所在国经济的发展。因此，从民间资本自身特点出发，分析内外部因素对我国民间资本向 PE 转化的影响，提出促进民间资本转化为 PE 的策略和建议，从而构建我国民间资本向 PE 转化的政府引导机制，对 PE 的理论研究和实践发展具有重要的意义。

本书以实证研究为主，最大的难点在于实证数据的获取。本书采用向 PE 专家发放调查问卷的方法来确定影响因素和实证变量，进行实证分析。并力图在以下两个方面取得创新：

（1）吸引社会资本向 PE 转化问题的研究在西方发达国家已得到充分的论述，在新兴国家的研究则较为少见。在我国现有政治和经济体制下，民间资本的合理利用和转化问题的研究是对 PE 理论研究的补充。

（2）由于数据获取的原因，当前对民间资本向 PE 转化过程的实证分析研究较少，本书从民间资本向 PE 转化的影响因素的角度对民间资本向 PE 转化问题进行了实证研究，丰富了这方面的文献，为政府决策者制定引导政策提供依据。

本书除引言外，分为七大部分，共十一章。

第一部分，即本书的第二章“国内外研究现状”。国外研究表明，地域、法律、税收、制度、资本市场的规模和效率及文化和管理的规范化影响民间资本转化为私募股权资本的规模和数量，宏观政策和资源条件影响 PE 的效率。国内研究主要集中于 PE 资金募集、法律地位和制度设计方面，对于如何引导民间资本转化为 PE 则少有学者研究，尚有较大的研究空间。

第二部分，即本书的第三章“民间资本参与 PE 的现状及问题”。主要从年鉴及清科、China Vunture 等私募股权数据库获取资料，分析我国民间资本参与 PE 现状与存在的问题。

第三部分，即本书的第四章“研究方法”。本书主要采用实证研究的方法，通过调查问卷，收集资料和数据，进行信度和效度分析、相关性分析、多元回归分析和结构方程模型分析，在理论探讨的同时，进行大量的数据处理，使本书结论建立在大量的数据之上。

第四部分，即本书的第五章“募集阶段：影响民间资本转化为 PE 募集资金的概念模型与假设”，以及第六章“募集阶段：民间资本转化为 PE 募集资金的实证结果”。对资金募集阶段影响民间资本转化为 PE 募集资金的因素进行了实证研究，在调查问卷的基础上，构建了影响民间资本转化为 PE 募集资金的结构方程模型，提出了影响因素与民间资本转化为 PE 募集资金的一系列假设，并对这些假设进行了相关性分析、多元回归分析和结构方程分析，验证本书提出的各因素对民间资本转化为 PE 募集资金的影响。

第五部分，即本书的第七章“投资阶段：民间资本背景的 PE 决策的影响因素概念模型与假设”，以及第八章“投资阶段：民间资本背景的 PE 决策影响因素的实证结果”。对投资阶段影响民间资本背景的 PE 决策的因素进行了实证研究，在调查问卷的基础上，构建了影响民间资本背景的 PE 决策的结构方程模型，提出了影响因素与 PE 决策的一系列假设，并对这些假设进行了相关性分析、多元回归分析和结构方程分析，验证本书提出的各因素对 PE 决策的影响。

第六部分，即本书的第九章“退出阶段：民间资本背景的 PE 退出影响因素概念模型与假设”，以及第十章“退出阶段：民间资本背景的 PE 退出影响因素的实证结果”。对退出阶段影响民间资本背景的 PE 退出决策的因素进行了实证研究，在调查问卷的基础上，构建了影响 PE 退出决策的结构方程模型，提出了影响因素与民间资本背景的 PE 退出决策的一系列假设，并对这些假设进行了相关性分析、多元回归分析和结构方程分析，证实了本书提出的各因素对 PE 退出决策的影响。

第七部分，即本书的第十一章“引导我国民间资本向 PE 合理转化的对策与建议”。根据前述的实证研究结果，结合我国民间资本和 PE 现状，提出了引导我国民间资本向 PE 合理转化的对策和建议。

基于以上研究，本书的基本观点有：

（1）在短期内，影响我国民间资本转化为 PE 募集资金的因素主要包括外部的全社会民间资本总量、替代投资品的投资收益和政策支持、税收、政府对 PE 发展的政策支持、PE 高管能力、组织适应力和 PE 收益七个方面。全社会民间资本总量、替代投资品的投资收益和政策支持、税收、政府对 PE 发展的政策支持、PE 高管能力的不同，对民间资本转化为 PE 募集资金的影响程度和方式也不同，其中，政府对 PE 发展的政策支持、PE 高管能力还通过作用于中介变量 PE 组织适应力和 PE 收益，对民间资本转化为 PE 募集资金起作用。

（2）在短期内，影响民间资本背景的 PE 决策的因素主要包括外部的区域经济政策、区域资源条件、企业管理能力、企业市场能力及投资者的退出期望五个方面。区域经济政策、区域资源条件、企业管理能力、企业市场能力的不同，对民间资本背景的 PE 决策的影响程度和方式也不同，这些因素还通过作用于中介变量退出期望，对 PE 决策起作用。

（3）在短期内，影响民间资本背景的 PE 退出决策的因素主要包括政治、经济、法律和市场环境、相关的股东、管理层、员工及支付方式、退出渠道、净收益等。其中环境、相关人员、支付方式及市场容量的不同，对民间资本背景 PE 退出决策的影响程度和方式也不同，这些因素还通过作用于中介变量退出收益，对 PE 退出决策起作用。

（4）我国缺乏对民间资本合理的引导机制和政策，民间资本在向 PE 转化的过程中缺乏相配套的政策和资源条件。政策和资源条件的改善，可以促进我国民间资本向 PE 转化，提高 PE 的收益，从而增加民间资本投资的经济效益和社会效益。

# 第二章　国内外研究现状

与本书相关的研究主要分为四个方面：PE资金募集的影响因素、PE的影响因素、PE退出的影响因素及政府对PE的监管问题。本章从这四个方面对相关研究进行回顾。

## 第一节　PE资金募集的影响因素

有关PE资金募集方面的研究主要是从宏观方面开展的，学者们把影响资金募集的因素归于法律、资本市场、制度规范、政府等方面。

### 一、法律对PE资金募集的影响

Fauver等（2003）、Mueller和Yurtoglu（2000）、Porta等（1997）以及Le（2003）认为，不同法系能为PE提供不同的通路，因而会影响股东与债权人对PE的投资。和民法系相比，普通法系能提供更好的通路、在保护小股东和债权人的利益方面具有更好的作用。范柏乃等（2001）研究认为，不健全的社会信用体系、不健全的相关法律制度、较少的税收优惠政策、较低的收益率以及法律对各类金融机构参与PE的禁止等因素是制约我国PE资金募集的最大障碍。由于法律地位的不明确，影响了PE的发展，因此，学者们提出了给予PE合法地位的建议，如吴晓灵（2006）指出应建立创投资金的筹集机制，让PE合法募集；夏斌（2007）认为政府应该给予PE充分的重视，从法律的角度明确其地位，制定出符合我国国情实际的发展方针。

### 二、资本市场的规模、流动性、税收对PE资金募集的影响

Groh和von Liechtenstein（2009）对中东欧新兴国家PE募集的影响因素进行了实证分析，发现在新兴国家，较低的公司税是吸引资金的最强因素，而资本市场

的规模和流动性不足则是阻碍资金募集的最主要的障碍。Chen（2015）通过对1999～2012年私募配售全周期样本的研究发现，风险、流动性不足和资本市场发展不充分是PE被低估的决定因素，而低估对PE的募集造成不利影响。高杰（2012）对我国PE募集资金的影响因素进行了分析，认为造成我国PE筹集资金不足的主要原因是机构投资者和产业投资基金缺乏投资经验、合伙人制度未推广、资本市场规模有限、产权交易市场落后等，这些因素影响了PE资金募集。

### 三、制度、规范化管理对PE资金募集的影响

Cumming和Johan（2007）对100家荷兰机构投资者的PE资金募集过程进行了实证研究，发现PE的招募条例公正、透明与否对PE资金募集的影响较大；透明的监管制度有效促进了荷兰的机构投资者在国内和国际上进行PE资金的募集；资产和负债的匹配对PE资金募集有最明显、最强健的作用，巴塞尔Ⅱ和国际财务报告准则也对PE资金募集存在显著的影响。

### 四、PE资金募集阶段政府的影响

王守仁（2004）认为，在PE业的市场准入方面，政府应逐步放宽准入门槛，使更多的社会民间资本和外资可以投入到PE领域。陈峥嵘（2004）研究认为，政府在为PE创造良好的政策氛围方面，应发挥积极的作用。

## 第二节 PE的影响因素

### 一、法律对PE决策的影响

Douglas和Zambelli（2009）以1999～2006年间意大利活跃的收购基金为样本，通过实证研究，发现法律不能阻止PE活动，只能降低PE的投资效率。立法的变化使得PE者更愿意进行收购交易。Cumming等（2008）的研究认为健全的法律体系有利于PE公司对投资项目进行筛选，从而做出投资决策。研究选取了北美洲、南美洲、欧洲和亚洲的39个国家，用1971～2003年的数据分析了公司治理与投资的关系。认为法律系统能较强地影响风险投资模式与风险管理的各个方面，从而影响PE决策。李靖（2012）研究认为法律法规的支持对PE极为重要。在欧美等发达国家，规范PE活动的法律制度相对完备，很大程度上促进了PE。

## 二、制度、文化和规范化管理对 PE 的影响

Sapienza 和 Manigart（1996）研究认为，不同的社会文化环境、制度和规范化管理会使 PE 在不同国家表现出明显的差异。虽然印度和美国法律制度都是在英国普通法的基础上发展而来，但是两者在 PE 方面存在着明显的差异（Wright 等，2001）。与此相反，Dossani 和 Kenney（2002）的研究则认为，印度侨民可以帮助投资者在思想、过程和程序上进行传递，从而减轻制度和文化差异带来的 PE 差异。Kut 和 Smolarski（2006）从几个不同的维度对德国、法国与印度的 PE 进行了比较后发现，相比而言，法国和德国的 PE 比印度更多地运用了风险管理技术。苏东海等（2007）从 PE 组织模式和立法模式的选择上，对我国 PE 提出了建议。

## 三、区域差异对 PE 的影响

Kut 等（2006）的研究认为，PE 在不同的国家之间存在着显著差异。Cumming 和 Johan（2006）基于 13729 项加拿大的 PE 项目的研究，发现由于存在代理成本和信息不对称，PE 的范围主要集中在本省，其比例达到了 84.42%。

## 四、税收对 PE 决策的影响

关于税收对 PE 决策影响的研究主要集中于以下两个方面：一是税收对 PE 收益的影响。李静（2012）提出影响 PE 的最主要因素是税收。PE 在对中小企业进行投资时，往往会比较投资成本和预期收益。当预期收益小于投资成本时，私募投资活动一般不会发生，只有当收益高于投资成本时，私募投资活动才有可能发生。中小企业具有高风险、高收益的特点，政府对于中小企业的税收政策直接影响 PE 收益，从而影响 PE 是否选择该投资项目的决定。姜竹等（2013）分析了美国资本利得税下调对苹果、微软、英特尔等一大批高科技企业发展起到了巨大的推动作用，认为对资本所得给予税收优惠是促进 PE 的一种重要举措。

二是重复纳税与税收优惠和补贴。吕海宁（2013）从商法的角度研究了 PE 税收制度，认为应考虑改营业税为增值税，避免 PE 重复纳税问题，并加大税收优惠政策，增加税收减免幅度，调动 PE 的积极性，让更多的 PE 参与到投资中。张杰和张兴巍（2014）在借鉴美国、英国等发达国家 PE 相关税收制度的基础上，提出税收优惠政策，及对投资者的政策，优惠促进 PE，使其投资朝着特定的行业发展。

李静（2011）提出了降低 PE 税收负担，完善税收细则，以缩小 PE 与公募基金的税负差距。在税收政策上明确 GP 附带收益的应税性质、明确 LP 的投资收益适用的税率，在制定税收政策时，要考虑 PE 的市场风险，以合理确定税率。

# 第三节 PE退出的影响因素

## 一、收益、信息、声誉和资源对PE退出的影响

学者们从不同的视角对PE退出的影响因素进行了研究，形成了不同的理论体系：一是价值和成本监控理论。Cumming和Macintosh（2001，2003）证明，当被投资企业增加的边际价值等于其增加的边际成本时PE退出。这个结论与Gompers、Lerner（2001）和Tykvova（2003）的结论一致。更进一步地，Cumming和Macintosh（2003）把基于价值增加的退出又细分为三种类型。二是信息不对称的理论。Cumming和Macintosh（2001，2003）、Neus和Walz（2004）从信息不对称的角度对退出方式选择的影响进行了研究，认为不对称的信息对退出的方式选择会产生影响。三是“哗众取宠”。(Grandstand）理论。Gompers（1996）和Silva等（2004）论证了PE退出“哗众取宠”现象——新入行的投资者为了尽早确立市场地位，与有经验投资者相比，愿意尽快退出。四是资源依赖理论（Povaly，2007）。Povaly（2007）、Hillman和Dalziel（2003）认为资源约束了PE退出方式的选择。

## 二、资本市场、代理成本和顾问对PE退出的影响

Hall（2002）的研究发现PE从发展中国家IPO退出存在困难：发展中国家不发达的资本市场会阻碍IPO退出，因而只能选择交易成本相对较高的其他退出方式，如并购、出售给其他PE者、出售给创业者及出售给产业投资者等。在发展中国家，并购和创业者收购是常见的退出方式。Bruton等（2002）对杠杆收购的退出进行了研究，发现在整个退出过程中，代理问题动态地存在。代理问题较大地影响了退出的收益，降低代理成本是实现退出收益的保证。投资者可以通过设计合理的契约，并对管理层进行激励来降低代理成本。而Gompers和Lerner（2004）的研究结果证实退出聘请的顾问出于自身利益，如时间、声誉、咨询收益的考虑，对PE退出方式的选择产生影响，影响退出的实现。

# 第四节 政府对PE的监管

## 一、PE监管的有效性

关于PE监管的有效性研究主要体现在以下两个方面：一是具体条件下监管

最佳效率的确定。朱灿和云佳祺（2015）总结了PE在我国监管的理念、依据、模式、内容、主体、对象及监管的措施，对PE监管进行了成本—收益分析，以确定监管的最佳效率。提出我国的PE监管应与PE相适应，通过降低监管的成本，来提高监管的效率。

二是监管可行性及PE准入标准。朱灿和史梁园（2013）研究了PE过程中参与者在监管过程中的博弈行为，发现违规操作的收益高于规范运作的收益时，投资主体就有可能选择违规操作而不是规范运作，因此，应加大处罚的力度，降低违规操作的可能性。赵玉（2012）认为应建立二元化监管模式，实现PE基金全面“入法”，建立起我国监管机构权力配置格局，变基金管理人自愿监管为强制注册，提高监管要求。

## 二、PE监管理念

朱灿和云佳祺（2015）认为我国目前对PE的监管主要是依据2014年颁布的《私募投资基金监督管理暂行办法》，其监管理念为适度监管，一方面尽可能地保障投资的利益，并维护私募投资的市场秩序；另一方面最大限度地放松对PE的限制，增加资本市场的层次性，为不同风格的投资人提供投资场所，以促进PE的良态发展。因此，在具体做法上，应设置以问题为导向的“负面清单”监管模式，对PE行为进行监管和约束。

## 三、PE监管方式

霍达和张兴巍（2014）以天津私募股权基金行业为例，对PE基金行业监管模式、政策制定等方面做了探讨。他们认为我国应该健全PE的法律监管体制，构建基于公司制PE、信托制PE、有限合伙制PE的运作规范、高效力层次的监管法律，并发挥PE行业协会监管作用。

## 四、PE监管标准

赵玉（2012）通过对比美英等国PE的政府监管，对PE监管正当性问题进行了研究。提出应该根据PE的类型，建立相应的监管标准，实行差别化监管。对投资于未上市中小企业的PE应予以预鼓励，以解决中小企业融资难的问题；对于投资于并购领域和成熟期企业的PE，应改变现有核准制度，建立完善的信息披露制度，监管大规模的资金流向，及时做出应对。由于PE对整个金融市场的外部性显著，政府应主动谨慎监管。

## 五、PE监管中存在的问题及改进建议

王荣芳（2012）分析我国PE的监管现状，认为法律地位缺失、监管思路不明、

监管目标不明和监管内容不明是 PE 监管的主要问题。这些问题导致了多头监管，不但效率低下，而且运作不规范，投资者得不到应有的保护，从而直接制约了 PE 的健康发展。她认为，应从完善 PE 监管法律制度出发，构建和规范投资人、管理人、广告宣传和信息披露制度。

梁清华（2014）依据我国 PE 信息披露制度建设的现状，提出 PE 监管立法的首要原则是保护投资者，其次才是降低融资成本。基于这种观点，他认为反欺诈和民事责任的承担是立法的基础。政府对 PE 监管的缺失，造成投资者保护明显的不足，应当将强制的信息披露和自愿的信息披露相结合，构建合理的信息披露制度。

张锋学（2013）认为法律法规不完善、监管不系统、信息披露制度不完善和行业协会监管作用不明确是我国 PE 监管中的主要问题。他从立法、监管、准入条件、退出机制和信息披露制度几个方面提出了改善我国 PE 监管的途径。张兴巍等（2013）则提出了规范 PE 产权交易二级市场，建立完备的准入机制的监管建议。

## 第五节 本章小结

本章回顾了国内外学者关于 PE 资金募集、投资、退出三个阶段及政府监管方面的研究。在 PE 资金募集阶段，学者们研究了法律、资本市场的规模、流动性、税收、政府、制度、文化和规范化管理对 PE 募集产生的影响；在 PE 阶段，先前的文献研究了法律、制度、文化和规范化管理、区域差异、税收等因素对 PE 决策的影响；在退出阶段，先前的研究探讨了收益、信息、声誉、资源、资本市场、代理成本和顾问对 PE 退出的影响；在政府监管方面，学者们从监管的有效性、监管理念、监管方式、监管标准、监管中存在的问题及改进建议等方面提出了自己的观点和见解。

总体而言，国内外学者们在 PE 资金募集、投资、退出及政府监管方面进行了大量的研究，取得到诸多卓有成效的成果，也为今后的研究提供可借鉴的思路和方法及较大的研究空间：

（1）国外的研究结论主要是针对西方国家，缺乏中国民间资本向私募股权资本合理转化的理论和策略方面的研究。

（2）对 PE 募集、投资、退出阶段的研究偏重于宏观层面，缺乏从中观和微观视角的研究。

（3）国内的研究侧重定性研究，定量研究较少，缺乏 PE 募集阶段、投资阶段和退出阶段影响民间资本转化为私募股权资本的实证研究，及基于实证的政策建议。

（4）国内对 PE 监管的研究主要基于监管者、政府的视角，因而在政策建议方面不可避免地存在一定的偏颇。

综上所述，本书以中观和微观的视角开展对民间资本转化为 PE 影响因素的研究尚有较大的空间，具有重要的理论价值和实践意义。

# 第三章　民间资本参与 PE 的现状及问题

中国民营资本投资 PE 始于 2000 年中关村科技风投公司的创立。经过十多年的发展，民间资本投向私募股权的规模日益扩大，操作日益成熟，但是仍然存在一系列问题。对民间资本参与 PE 问题的把握和分析，有利于降低民间资本投向 PE 的机会成本，并提高资本运作效率，促进经济结构快速转型。

## 第一节　民间资本参与 PE 的历程

### 一、民间资本参与 PE 的发展历程

#### （一）第一阶段（2000～2005 年）：启动阶段

2000 年中关村科技风投公司的创立，标志着民间资本背景的 PE 开始登台亮相。由于刚刚起步，尚处于发展的初级阶段，PE 这一新生事物并未得到公众的清晰理解，民间资本因将之误认为是具有非法融资性质的高风险资本而踯躅不前，再加上 PE 机构专业化不足、管理团队能力不强以及法律保护制度缺失等原因，民间资本参与 PE 的动机并不强①；另外高科技企业的高额税收负担提高了 PE 的机会成本，也是民间资本加入 PE 的一大障碍；最重要的原因是，资本变现机制不畅，国内 PE 基金退出渠道狭窄，一些被投资企业不得不到海外上市。

深圳证券交易所中小企业板的推出，开辟了 PE 退出的新通道；2005 年国家外汇管理局发布的“75 号文”逐渐改善了股权投资的政策环境。截至 2005 年末，PE 机构仍然主要由外资机构主导，联想投资和深创投等本土机构开始出现，但是民间资本参与 PE 的动力不强。

#### （二）第二阶段（2006～2010 年）：快速发展时期

由于股权分置改革和中小板启动，2006 年涌现了大量 PE 机构。据权威统

① 郑宪强，马衍军．民间资本参与风险投资问题研究［J］．财经问题研究，2002（5）：28－31.

计，仅2006年上半年，新增的PE是2004年的623%，而专业人士推测，加上民间资本，PE规模至少为3000亿元①。

这一时期，PE政策环境得到改善。2006年执行的《创业投资企业管理暂行办法》和2008年的《关于创业投资引导基金规范设立与运作指导意见》，启动了对PE业的规范管理；2007年实施的新《合伙企业法》进一步推动了PE的发展。与此同时，开始启动券商直接投资试点；紧接着全国社保基金获得对未上市企业股权投资的资格；以及随后的IPO重启和创业板开闸，这些政策和制度安排都进一步推动了我国PE规模的扩大②。在政策环境改善和高收益率的诱使下，民间资本参与PE市场的积极性开始逐渐提高。

2008年金融危机以来，全球PE市场陷入低潮，但是国内PE发展却一枝独秀。据调查，2008年至2009年第一季度，中国大陆地区得到PE的企业共734家，投资总额达到1103亿元人民币③。同年，上海、北京等一线城市纷纷出台地方性政策激励地方PE规模的扩张。2010年，掀起全民"PE"募资狂潮，PE业发展到极盛时期。据清科研究中心报告，该年中国PE市场募资、投资、退出案例数量均刷新历史纪录，中国内地共有82只PE基金募集到资金，总金额为276.21亿美元，募集规模和基金数量分别比上年增长1.13倍和1.73倍④。

### （三）第三阶段（2011～2013年）：节奏放缓

第二阶段PE的火爆诱发了一系列问题，譬如信息欺诈、PE腐败、PE成本抬高等，这些问题影响着PE市场的可持续健康发展。鉴于此，为规范PE机构，国家颁布了若干政策来强化监管PE，地方政府也出台相应的规范政策，进一步加强了对PE市场的管理。

这一时期，股权投资机构面临三重考验，一是外部监管不完善，以及境内新股上市的暂停⑤；二是管理不成熟，风险控制不够等，致使民间资本参与PE的风险加剧，投资节奏放缓；三是创业板退市安排尚待完善。虽然能通过市场优胜劣汰，优化上市资源的配置，但也使创业板收益更加理性，PE高盈利率被拉低，暴利时代结束，全民PE现象走向终结，民间资本亦小心谨慎，处于观望态势。

---

① 中国证券报.10倍回报还算保守，3000亿元资本冲浪PE［N］.2006-11-25.

② 清科网.清科观察：PE业十年华丽飞跃，2014年开启"中国股权投资"时代［EB/OL］.（2015-05-22）.http：//www.pedata.cn.

③ 李革伟.私募股权基金与民间资本、中小企业融资相关问题研究［J］.金融参考，2009（11）.

④ 清科集团网站.清科研究中心：中国2010年PE研究报告［EB/OL］.（2011-04-12）.http：//research.pedaily.cn.

⑤ 这一时期，中国PE退出渠道狭窄，90%的PE机构都只着眼于通过IPO退出，很少考虑到并购出售等退出方式。

（四）第四阶段（2014年至今）：草根创业的“股权投资时代”

2014年，随着宏观环境预期向好和PE市场的进一步成熟，民间资本参与PE的投资热情高涨，募资规模大幅度增加。

这一阶段，有利的投资环境主要有：首先，中国经济的新常态、IPO的重启、国企混合所有制的改革、国内外并购市场的兴盛、互联网的良性渗透、生物医疗等新兴产业的发展等，这些有利条件共同推动着PE市场规模急剧扩大；其次，政府坚决执行简政放权改革，鼓励大众创新创业，民间资本参与PE者逐渐增多。据权威机构统计，2014年中国PE市场完成投资项目共3600多起，是2013年的2.006倍；投资交易额总计约4500亿元人民币①。

## 二、促进民间资本参与PE的经济环境、政策和法规回顾

民间资本参与PE的发展是随着宏观经济环境和政策法规的变化而演变的。宏观经济环境的变化是社会主义市场经济发展到一定阶段的外在体现，是随着发展模式和经济结构转型而不断演进的。政策法规的出台则是依据国家战略发展需求从制度层面推进的结果。

（一）民间资本参与PE的经济发展环境回顾

民间资本参与PE的初始动机是获得高净值，这是由资本的本性决定的。不过，缘于最初对PE理解的偏颇和对风险的厌恶，民间资本参与PE的热情不高。另一个原因是在2008年前几年，民间资本可以轻易找到房地产这一高利润行业。正因为如此，大量资本涌向房地产业，出现了大批“炒房团”，巨额资本在房地产业大进大出推升了房价的急剧上涨。2008年因次贷危机引起的世界金融危机给中国房地产业的高速发展发出了警告。经济结构转型被提上日程，同时由于外贸条件的恶化，依赖外需发展的经济模式转向内需。

根据林毅夫（2012）提出的新结构经济学理论，一国的经济发展很大程度上内生于其禀赋结构，取决于市场力量，并接受国家作为战略上的因势利导者。目前，由于劳动力用工成本的提高，对环境保护的日益重视，支撑宏观经济发展的劳动力优势、土地优势和自然资源优势逐渐消失，比较优势条件发生变化，资本成为具有比较优势的禀赋资源。能否利用好这一比较优势决定着中国经济的可持续发展能力。在比较优势发生变化的环境下，中国经济发展由粗放型转向集约型，由依靠外需转向依靠内需。集约型发展与经济结构转型需要发展新兴产业和高科技产业，这些产业需要大量资本的投入，而且是高风险投资，一旦投资成功则回报呈几十倍增加。同时在国内房地产业增长乏力的背景下，大量民间资本要

① 清科网．清科观察：VC/PE已参控A股半壁江山，累计升值接近GDP，泡沫了吗？［EB/OL］．（2015－05－22）．http：//www.pedata.cn.

寻找新的投资渠道，PE 基金就成了民间资本的绝佳“猎物”。

在经济结构转型的宏观经济环境下，民间资本参与 PE 较为踊跃。据统计，2001 ~2009 年，全国 PE 共完成2628 项业务，实现金额 146. 9 亿元。民间资本介入股权投资的主要方式是成立创投机构，投资领域主要集中在新兴产业，如动漫、服务业等初创型的轻资产型企业，以及新材料、新能源等高新技术产业，且民间资本比较青睐 PIPE、上市后备企业等成长型企业。

（二）民间资本参与 PE 的条件回顾

民间资本参与 PE 具有非常明显的比较优势。民间资本最初为社会企业融资是以担保或小额贷款的形式进行的财务融资，但是由于难以找到合适的担保企业和抵押物，业务开展起来困难重重。而 PE 融资无须抵押或担保，操作起来比较简便。并且投资人通过持有企业股权参与管理，能保证其投资收益。更主要的是，投资方一旦经由并购、上市或者股权置换等方式成功退出，获得的投资回报远远高于财务融资。

另外，巨额民间资本为 PE 提供了充足的资金池。据统计，截至 2012 年 11 月，全社会居民储蓄余额已经超过 20 万亿元。另据中国统计年鉴数据，2013 年末，金融机构人民币各项存款余额已经超过了百万亿元人民币。2000 ~2014 年人民币存款余额数据如图 3 –1 所示。

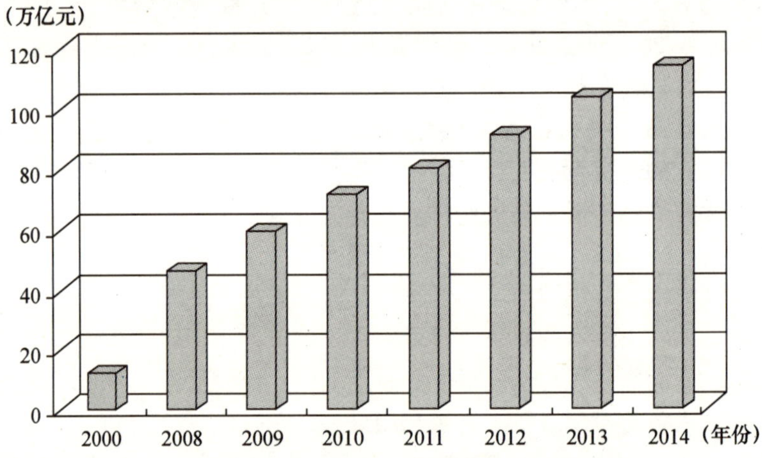


**图 3 –1　2000 ~2014 年金融机构人民币各项存款余额**

资料来源：2000 年、2008 ~2012 年数据摘自《中国统计年鉴》（2010 年、2012 年、2013 年），2013 年、2014 年数据来自中国人民银行。

数据表明，规模巨大的民间资本造就了中国目前的资本要素比较优势，发展 PE 的资金来源充足，民间资本参与 PE 正当其时。

（三）支持民间资本参与PE的市场制度回顾

民间资本参与PE主要受高预期回报率的驱使，但股权投资主体与被投资企业间是一种阶段性的联姻，其法律关系具有期间性，股权投资要实现高回报，最终必须要退出，否则就是失败的投资，因此要关注市场退出门槛、退出方式和退出时间。

1. 多层次资本市场的形成是PE退出多元化的基础

近年来，多层次资本市场正逐步形成，主要表现为中小企业板、创业板和新三板的推出，它们为PE的退出提供了多元化渠道。

2004年深圳证券交易所中小企业板推出，为PE在国内退出敞开了通道。2007年，券商股权投资启动①。虽然券商直投是针对证券公司的，但它为PE市场的开发营造了氛围，间接推动着民间资本参与PE。2007年9月，我国首个PE基金协会在天津开启，意味着PE在我国被正式认可。PE基金协会是PE、VC和企业间的桥梁，将有力促进PE市场的发展。

2009年，中国证监会出台了IPO创业板上市的管理规则，随后深圳证券交易所正式推出有关创业板股票上市的规则。

2013年12月，国务院将中小企业股份转让试点推行到各个地区，2014年新三板全面扩容，成为创新型中小企业股权转让的有效选择，也是拟IPO企业进入资本市场的有效平台，为PE的退出增添了新渠道。据清科私募通统计，2014年新三板挂牌企业1527家，其中风投和私募投资占比26.21%。2014年PE企业挂牌新三板的前10位如图3－2所示。

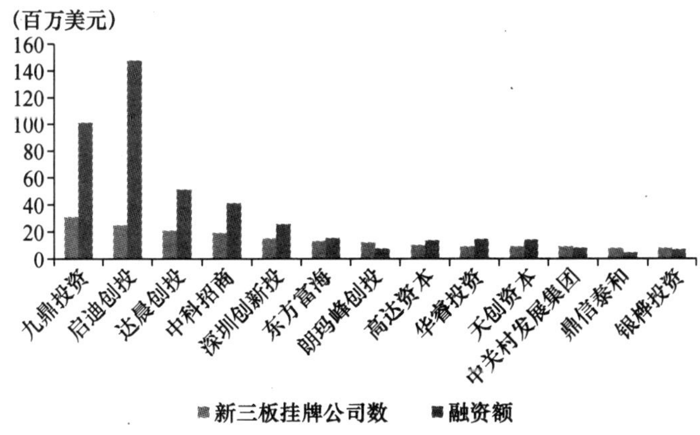


**图3－2 2014年PE企业挂牌新三板的前10位**

资料来源：清科研究中心. 2014年新三板投资情况分析［EB/OL］.（2015－05－23）. http://www.askci.com.

① 券商股权投资，指投资于那些券商认为优良的非上市公司股权，以期获得将来上市后的投资收益，或者转让股权所获得的投资收益，类似于PE基金。

2. PE 二级市场的兴起拓宽了 PE 的退出渠道

2013 年初，国内渐兴 PE 二级市场。PE 二级市场主要有两种形式：一是 PE 的有限合伙人将已实缴的或尚未出资的份额承诺出售给其他 PE 者的交易行为；二是 PE 基金在普通合伙人的管理运营下，将被投资企业中的权益部分或全部出售给其他投资者的交易行为①。

PE 二级市场的优势主要为：一是透明度较高，减少了不确定性风险；二是更加明确投资项目，有效分散或组合投资，具有低价获得投资机会的可能，因而能够优化投资组合和收益，达到提高净值的目标；三是投资 PE 二级市场的基金能实现高效短时退出，流动性增强。

目前国内 PE 二级市场还未达到一定的规模，呈现买方市场特征，卖方以散户为主，缺乏机构投资人，交易平台稀缺。而且市场参与过程中的操作存在困难，缺乏转受让价格估值、工商变更登记以及税收方面的经验。

（四）支持民间资本参与 PE 的政策法规回顾

2005 年的《创业投资企业管理暂行办法》出台，对创业投资行为进行规范和鼓励。同年国家外汇管理局公布“75 号文”，从外汇管理方面给予跨境股权融资的便利和规范。2014 年对“75 号文”进行修改，改革返程投资外汇管理，进一步便利跨境股权融资。

2006 年实施的《创业投资企业管理暂行办法》和 2008 年的《关于创业投资引导基金规范设立与运作指导意见》，初步形成对股权投资行业的管理规范；2014 年 8 月《私募投资基金监督管理暂行办法》由中国证监会发布，股权投资业监管体系逐渐完善。

2007 年实施的新《合伙企业法》进一步推动了 PE 的发展。它一方面使为 PE 基金服务的中介结构（如律师事务所等）得到较快成长；另一方面，它安排的 LP 制度消除了 PE 基金在发展初期面临的法律障碍。这一便利的制度安排，使 PE 基金的资金来源和退出渠道得以转向国内。同年 7 月出台有关科技型中小企业创业投资引导基金的管理办法，鼓励创业投资。

2011 年发改委发布了有关股权投资业规范发展的通知，明确集合信托、合伙企业充当 LP 的基金应“核查最终自然人和机构法人是否合格”②。

2013 年中国保监会准予有限合伙制股权的投资企业投资入股保险公司，并允许有限合伙制 PE 基金参股保险公司。同年，国务院办公厅下发文件鼓励民间

① 华股财经．IPO 堰塞湖催生国内 PE 二级市场［EB/OL］．(2013－04－15)．http：//www.huagu.com.

② China Venture. 两会关注中小企业与民间资本 PE 迎来新契机［EB/OL］．(2012－03－13)．http：//www.licai.com.

资本进入金融业，尝试由民间资本发起设立金融租赁公司①。

从行政政策看，国务院坚决实行简政放权改革，鼓励创新创业"国九条"发布，极大地激发了民间资本参与 PE 的积极性。

## 第二节　民间资本参与 PE 的现状和问题

### 一、民间资本参与 PE 的途径

截至 2014 年末，中国股权投资市场 LP 可投资本量共有 8849.91 亿美元②。整体上看，民间资本参与 PE 的途径大致分为三种：一是民间资本参与外资 PE 机构；二是民间资本参与本土 PE 机构；三是民间资本参与政府创业投资引导基金。

（一）民间资本参与外资 PE 机构

在民间资本 PE 的启动阶段（2000～2005 年），PE 机构以外资为主。如美国新桥资本、凯雷投资集团、KKR 等。

（二）民间资本参与本土 PE 机构

在外资 PE 的带动下中国本土 PE 迅速成长。2007 年本土 PE 获得正式认可后，民间资本开始大量参与 PE 项目。一般地，PE 基金所投资本并不属于投资公司，而是属于有限合伙人（Limited Partner，LP）。LP 通常包括政府部门，如中国社保，国有企业、民营企业老板，个人投资者，来自美国和欧洲的养老基金等。

民间资本在产权交易市场参与产权投资主要包括两种类型，纯粹自然人个人投资者和民营企业老板（即具有企业背景的个人投资者）。自然人投向 PE 的资金少则几十万元，多则几千万元甚至上亿元。产权投资方式主要分为两类，一是长期持有，收购产权后通过改善企业经营状况获取盈利。二是资本运作，产权收购是为了进行资本运作后转手变现，实现资本增值。这类投资者的目的不在于控制产权，而在于性价比。据上海联交所数据统计，2007 年自然人受让产权近 500 宗，比例占到产权交易总数的 1/3 左右③。

① 肖旺．私募股权基金看好民间资本进入金融业［EB/OL］．（2013－07－16）．http：//www.financialnews.com.cn/.

② 清科研究中心．"62 号文"新时代各地方政府争先恐后［EB/OL］．（2015－03－4）．http：//www.p5w.net/.

③ 兴桥投资：产权投资—民间资本运作新途径　本土私募股权基金迎来春天［EB/OL］．（2015－05－25）．http：//www.doc88.com/.

(三) 民间资本参与政府创业投资引导基金

创业投资引导基金通常由政府专门部门负责，对设立的创投企业的创投项目在行业和地域上进行引导，扶持创投发展，并促进新兴产业发展。从政府层面看，创业投资引导基金主要分为国家层次和地方层次两类。政府在引导基金中的投资额称为“母基金”，主要为财政资金，数额并不大。引导基金主要是利用杠杆效应通过与社会资本合作来扩大基金总额。具体运作模式是通过参股来吸引社会资本发起设立 PE 机构。据统计，到 2014 年底，中央财政已累计安排资金 91 亿元，吸引带动地方政府、社会资金 427 亿元，共设立 190 只创业投资基金[①]。据清科集团的私募通统计，截至 2014 年 12 月 31 日，政府引导基金的可投资本量为 175.32 亿美元[②]。地方政府成立创投基金也开展得如火如荼。如温州政府设立温州股权运营中心、温州人 PE 基金等，吸引社会资本参与[③]。

## 二、PE 情况分析

随着经济机构转型、政策利好消息出台，以及退出方式的完善，PE 市场日益火爆。2007 年 PE 获得正式认可，此后的八年时间里，PE 市场如过山车式发展，PE 质量也随着市场管理的规范化而逐渐提高。最新数据显示，2014 年 PE 市场呈里程碑式发展，从募资量、募资范围、募资领域到募资类型都有很大的提升，被誉为“PE 2.0”时代的到来。

(一) PE 市场募资总量分析

PE 基金募资总量由 2006 年的 35.58 亿美元增加到 2014 年的 63.13 亿美元，年均增长 3.44 亿美元。但总体上看，发展很不稳定。其中，2007 年 PE 获得认可后，释放出利好消息和良好预期，导致 2008 年 PE 发展呈现第一个高潮，2014 年募资市场出现第二个高潮，主要受到“国九条”多层次资本市场和 PE 业发展的政策激励，大量国企资本、社会资本涌入；同时，2014 年正式明确行政监管态势的更加开放，吸引了境内外上市公司资本的进入。2009 年和 2010 年为 PE 发展低谷期，主要是因为 IPO 暂停，对 PE 市场进行规范整顿造成的。2012 年和 2013 年为私募市场的第二个低谷期，这一时期，虽然越来越多的投资者采用 PE 这一新型投资工具，PE 基金总量大增，并在 2012 年底创新高，但由于种种原因影响了有限合伙人的投资信心，致使基金募资总额偏低。

---

① 靳博．政府创投基金如何四两拨千斤：引导社会资本参与［N］．人民日报，2014－11－30.

② 清科研究中心“62 号文”新时代各地方政府争先恐后［EB/OL］.（2015－03－04）．http：//www. p5w. net/.

③ 蔡庆珍．民间资本投向何方［N］．人民日报，2010－11－29.

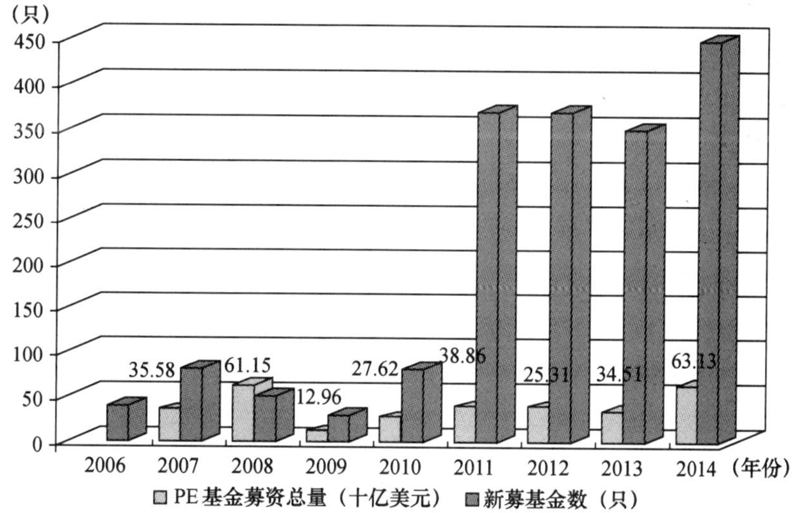


**图 3－3 2006～2014 年 PE 基金募资总量和新募基金数**

资料来源：清科研究中心投资界．2014 年中国 PE 年度研究报告［EB/OL］．（2015－05－24）．http：//research. pedaily. cn/.

## （二）PE 市场投资总量分析

从图 3－4 可以看出，PE 市场投资总量与图 3－3 所列的募资总量呈相同的变化趋势。在募资总量高的年份，投资总量也偏高，在募资总量低的年份，投资

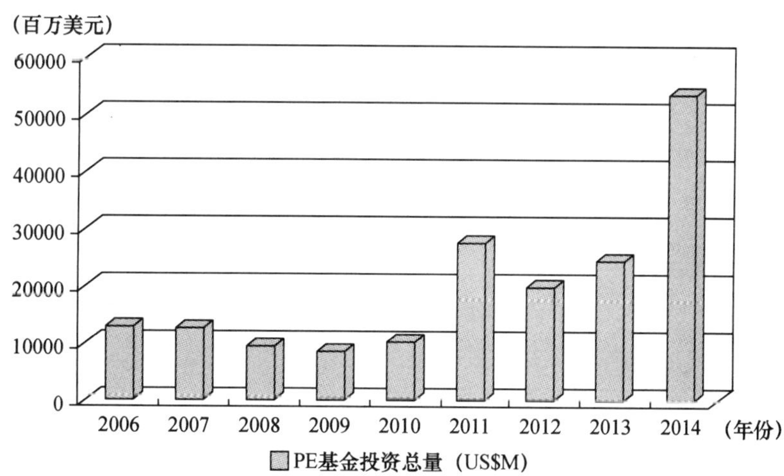


**图 3－4 2006～2014 年 PE 基金投资总量情况比较**

资料来源：清科研究中心投资界．中国 PE 年度研究报告（2014 年）［EB/OL］．（2015－05－24）．http：//research. pedaily. cn/.

总量亦随之下降。据清科研究中心统计，2014 年全年，PE 市场共完成投资案例 943 起，披露投资金额的 847 起投资案例共计投资 537.57 亿美元。投资案例数是上年的 142.9%，披露的投资金额是上年的 219.6%①。

（三）新募基金类型分析

新募基金主要分为成长基金、并购基金、房地产基金、基础设施基金、夹层基金和不良债权基金六种类型。2010～2014 年新募基金类型如图 3－5 所示。多年来成长基金在新募基金类型中占主导地位，房地产基金数额一直呈稳定增长趋势。并购基金数额从 2010 年的 140.86 亿美元急剧减少到 2011 年的 2.67 亿美元，直到 2014 年才有大幅增加，但也没有回升到 2010 年的水平。夹层基金是 2011 年新发展的基金类型，数额一直偏小。基础设施基金是 2014 年异军突起的新型基金，共募集到 10 只，其中披露 9 只基金，总募集金额为 50.3 亿美元②。

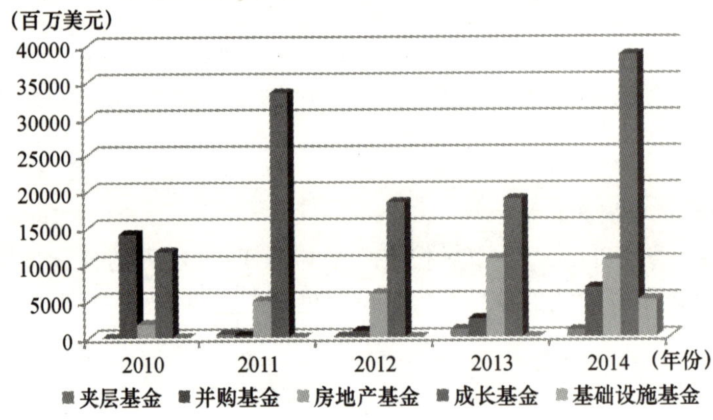


**图 3－5　2010～2014 年各类型新募基金募资额**

资料来源：清科研究中心投资界．中国 PE 年度研究报告（2010～2014 年）．[EB/OL]（2015－05－24）．http://research.pedaily.cn/.

（四）PE 市场投资策略分析

从投资策略分析，2010～2014 年，成长基金、房地产投资基金和私募基金是最主要的类型，其中成长资本处于绝对优势地位。成长资本披露的投资额由 2010 年的 75.14 亿美元增长到 2014 年的 345.57 亿美元，年均增长 67.61 亿美

① 清科研究中心投资界．2014 年中国 PE 年度研究报告［EB/OL］．（2015－05－24）．http://research.pedaily.cn/.

② 清科研究中心投资界．2014 年中国 PE 年度研究报告［EB/OL］．（2015－05－24）．http://research.pedaily.cn/.

元。虽然房地产投资案例和投资总额一直呈稳定增长态势，但与私募基金相比，其投资总量仍在下降。私募基金投资总额由 2010 年的 21.78 亿美元增加到 2014 年的 99.05 亿美元，年均增长 19.32 亿美元。从图 3－6 中可以观察到 2011 年私募基金投资呈短期高峰，主要由于该年境内外二级市场呈低迷状态，私募基金投资成为该年 PE 的主要投资策略。

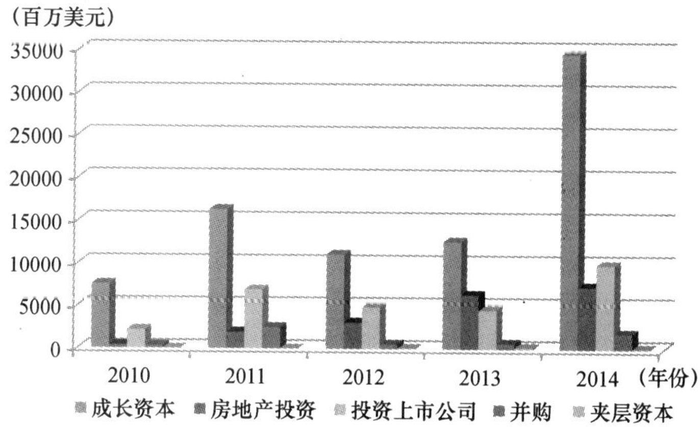


**图 3－6　2010～2014 年各类型新募基金募资额**

资料来源：清科研究中心投资界．中国 PE 年度研究报告（2010～2014 年）［EB/OL］．（2015－05－24）．http：//research. pedaily. cn/.

（五）PE 市场一级行业投资额分布

到目前为止，PE 市场投资的行业有 20 多个。2014 年 943 起投资案例至少分布于 23 个一级行业中①。由于不同行业的投资额度具有较大的差异和变化，为了便于比较，图 3－7 仅列出了九大行业。从图 3－7 中可以观察，2010～2014 年，传统行业（如机械制造、农林牧渔、食品饮料等）投资额度不大，且比较稳定；互联网和金融业投资额度和案例数量变化较大；房地产、能源及矿产的投资额度呈大幅度增长趋势。据统计，2014 年互联网成为投资案例高峰行业，发生投资案例 145 起，已经披露的投资金额高达 40.84 亿美元。总的来说，房地产业、连锁零售、能源矿产、金融等行业发生较多投资案例，其投资总额相对较高。

① 清科研究中心投资界．2014 年中国 PE 年度研究报告［EB/OL］．（2015－05－24）．http：//research. pedaily. cn/.

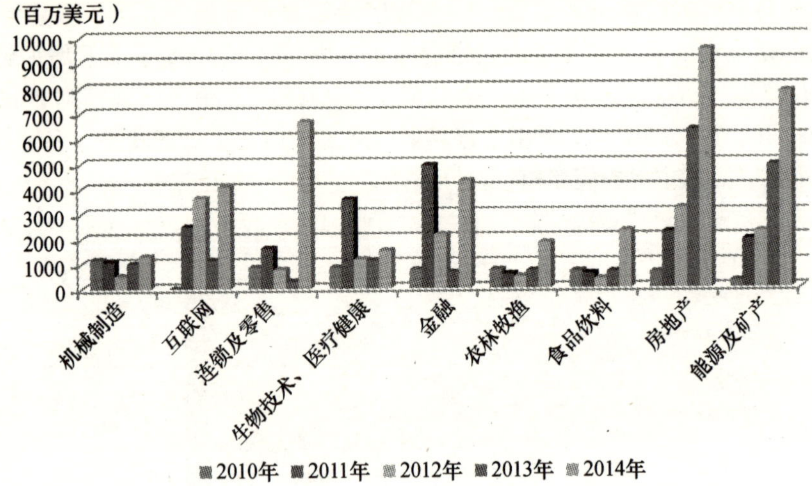


**图 3-7　2010~2014 年 PE 市场一级行业投资额度分布**

资料来源：清科研究中心投资界．中国 PE 年度研究报告（2010~2014 年）[EB/OL]．（2015-05-24）．http：//research.pedaily.cn/.

（六）PE 市场投资地域分布情况

从投资地域分析，2010~2014 年，投资额度比较大的区域主要分布在北京、上海、浙江、广东、深圳和江苏。央企混制改革启动后，北京吸引了大笔规模庞大的投资。据统计，2014 年北京发生 242 起投资案例，总金额达到 215.09 亿美元，

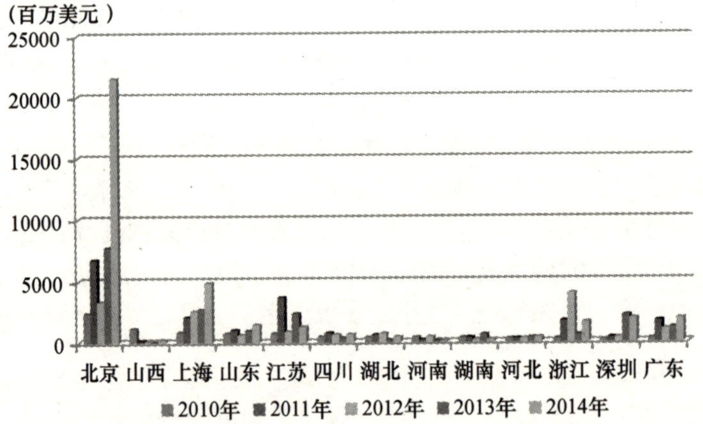


**图 3-8　2010~2014 年 PE 市场投资地域分布**

资料来源：清科研究中心投资界．中国 PE 年度研究报告（2010~2014 年）[EB/OL]．（2015-05-24）．http：//research.pedaily.cn/.

遥遥领先于排名第二的上海。北京也是新兴产业投资案例的集聚地，投资优势凸显。传统的资本活跃地域（如上海、浙江、江苏、深圳和广东）紧随北京之后。四川的 PE 也比较积极，引领西南地区 PE①。

地域间的投资额度差异悬殊。从图 3－9 可以观察，2010～2014 年，北京是 PE 最活跃的地区，投资总额度共计 400 多亿美元，远远超过排名第二的上海的 100 多亿美元。其次为江苏、浙江、广东、深圳和山东。中西部地区中，湖北和四川的投资总额度也比较大，但也没有超过 50 亿美元。总体上，经济越活跃的地区，PE 总额也越大。

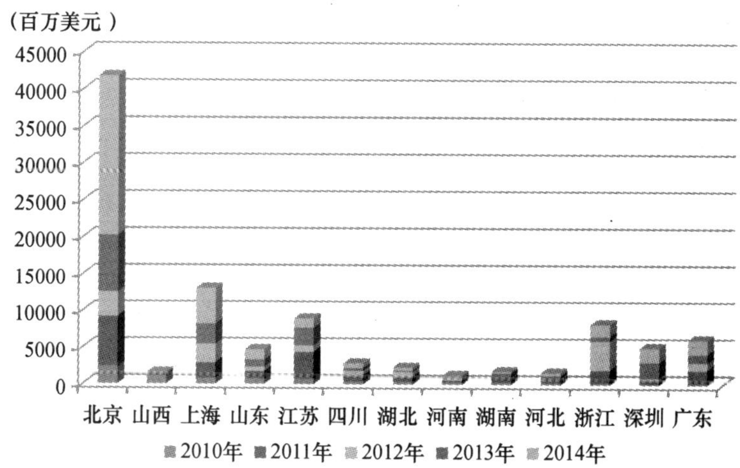


**图 3－9　2010～2014 年 PE 市场不同地域的投资总额分布**

资料来源：清科研究中心投资界．中国 PE 年度研究报告（2010～2014 年）［EB/OL］．（2015－05－24）．http：//research. pedaily. cn/.

## 三、民间资本参与 PE 运作问题分析

### （一）民间资本投资者存在对 PE 市场的误解

PE 在国外已经发展了很多年，属于传统产业，但它在中国的发展却是最近十几年的事情。由于是新生事物，民间投资者对它望而生畏。主要存在两方面的误解：一是由于法律的缺失使得民间投资者误认为它是非法融资。由于 PE 在中国被正式认可较晚，之前被误解为非法融资，不受法律保护，大量民间剩余资本

① 清科研究中心投资界．2014 年中国 PE 年度研究报告［EB/OL］．（2015－05－24）．http：//research. pedaily. cn/.

自然不可能投向 PE，唯恐避之不及，而是以购买房产的方式投向更加传统的房地产业等领域。二是误认为私募投资是高风险行业。民间投资者误认为投资于非上市公司股权是高风险投资。实际上，PE 风险并不大，如果选择合适的投资策略，可以顺利实现高净值。另外，私募股权可以优先股的形式进行投资，万一投资失败，企业在清算时可以优先于普通股获得补偿①。

（二）对 PE 监管疏漏导致的乱象丛生是民间资本参与 PE 的负激励

因为对 PE 监管存在争议，行业监管缺失，PE 市场鱼目混珠，出现无序现象。在各方力量的博弈下，2012 年修改的《证券投资基金法》未能将 PE 纳入其法律范畴。主要基于以下三个原因：一是理论认识上的不同，使得 PE 市场的部分参与人认为 PE 应该单独立法才符合国际法惯例。PE 基金和证券投资基金存在诸多不同，如投资理念、募资方式、治理结构、运作方式、风险约束机制等，不能合并立法规范。二是监管透明度的问题。PE 业内人士认为证券投资是公开二级市场，对公众投资负责，需要较高的透明度，但是 PE 为非公众投资，不需要太高的透明度。三是政出多门和多头监管问题。PE 行业协会一致认为，发改委在实践中已经执行了 PE 的监管职责，如果将 PE 写入《基金法》会打乱国务院职能分工的权限，并造成多个管理部门并存的局面②。

问题是，由于监管疏漏，近年来 PE 行业鱼龙混杂，出现空头基金，甚至以 PE 名义非法集资，还存在“伪 PE”产品公开募资，这种负外部性严重影响了 PE 行业的社会形象。不良的 PE 市场秩序使民间资本有所顾虑，弱化了其参与 PE 的动机。

（三）PE 机构管理落后弱化了民间资本参与 PE 的意愿

PE 对中国经济结构调整、战略目标的实现、中小企业融资难以及国企改革具有非常积极的作用，是未来发展的热点。在庞大的民间富余资本环境下，民间资本参与 PE 无疑给 PE 募资提供了方便，但是由于 PE 机构人才缺乏，投资管理能力不足，民间资本望而却步，不敢贸然投资 PE 行业。据统计，中国从事 PE 行业的从业人员有 6 万多人，但良莠不齐，缺乏经验，且多数不合格。具有丰富经验的高素质管理团队的缺乏直接导致 PE 行业管理能力低下，加大了 PE 风险，很难实现民间资本预期的持续、高净值回报，PE 行业向民间募集资本的难度提高。

① 我国新《公司法》第三十五条明确规定“全体股东约定不按照出资比例分取红利或者不按照出资比例优先认缴出资”，实际上为私募股权基金以优先股身份投资打开了通道。

② 华股财经.《基金法》修订案进入三审 VC/PE 入法之路仍漫长［EB/OL］. http：//money. 163. com/12/1226/06/8JK090D00254ROU. htm.

# 第三节 民间资本PE的退出方式

PE基金的操作主要包括募资、投资、管理和退出四个环节。PE退出是PE基金中最重要的一个环节，是PE循环的目标，堪称“惊险一跳”，这一“跳跃”不成功，“摔坏”的是投资者。PE退出指PE机构在适当的时机将持有的权益性投资售出，实现投资增值的过程，它使得PE能获取高收益，并实现投资良性循环①。

## 一、PE退出方式

由于创业企业内在条件的不同、投资结果及所处环境的差异，PE退出方式各异。一般地，PE的退出方式主要包括首次公开发行、企业回购、兼并和收购、股权转让、二级市场出售和破产清算等。不同退出方式的发生率、投资年限和回报率也存在较大差异，图3-10是美国PE协会20世纪90年代对不同投资方式各指标的统计结果，它对我国目前PE仍有借鉴意义。

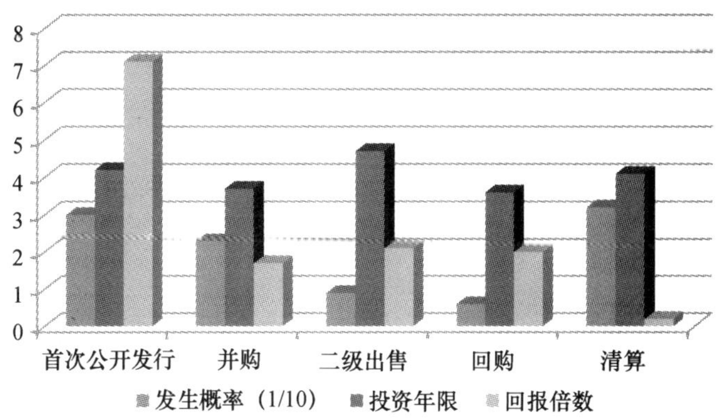


**图3-10 PE各退出方式的情况统计**

资料来源：转引自沈路等．浅论我国PE基金退出机制［EB/OL］．（2015-05-26）．http://doc.mbalib.com.

### （一）首次公开发行（Initial Public Offering，IPO）

IPO指企业在经营达到投资人的适意状态时，投资者通过企业上市，将私人

① 李文瑞．PE退出方式及程度选择［J］．商业会计，2011（5）：58-59.

权益转化为公共股份套现，获取投资收益。国外 PE 退出一般不在主板上市，多在创业板上市，譬如 NASDAQ 市场、韩国创业板市场、港交所创业板市场等。相对于投资年限而言，因其投资回报率较高，IPO 被公认为是较理想的风险资本退出方式。

IPO 退出的优势突出。一是不仅可以维持企业的独立性，还可以获得巨额收益。二是可以提高 PE 机构的知名度、社会形象和信用度。有利于吸引高级管理人才，招揽优质项目，为 PE 机构的后续发展奠定基础。但其劣势也显而易见。一是机会成本较高。上市周期比较长，时间成本高，至少需要 3～5 个月，且支付给中介机构的费用能达到其总资本金的 10% 左右。二是各国对 IPO 上市存在较高壁垒①。

### （二）股权转让

股权转让指依法将持有的股份转让给他人，实现 PE 资本退出，并实现收益的一种退出方式。主要包括企业回购、兼并与并购和破产清算三种方式。

#### 1. 企业回购（Buy Back）

企业回购指投资期满，创业创新企业从 PE 机构赎回投资机构持有的股份。这种退出方式比较保守，一般用于创业创新企业管理层为保持控制权而采取的手段。企业回购中较多运用的是管理层收购（Management Buy Out，MBO）。MBO 的投资者经营管理水平较高，当创业创新企业发展到合意水平，但尚未达到上市要求时，公司管理层通过收购所在企业以控制企业，解决企业内部激励疲软的问题。MBO 具有诸多优点，创业企业的管理团队对该企业非常了解，信息充分，可以大大节省回购谈判、签约等交易成本，且收购价格比较公正，能够实现 PE 资本的顺利彻底退出。

#### 2. 兼并与收购（Merger and Acquisition，M&A）

M&A 指 PE 基金通过企业的兼并收购出让股权以获取资本增值，是主要的退出方式之一。其退出优势体现在：一是兼并方通常以较高的价格购买 PE 所投资的创业创新企业，PE 得以变现退出，并获取不菲增值。二是 M&A 方式比较灵活。它在创业创新企业发展的任何一个阶段都可以进行，只要兼并双方达成协议即可，不需受法律法规的限制；而且机制灵活，可以按照双方意愿协商进行。因此，PE 资金的退出也比较灵活，不受 MBO 上市条件等的制约。

#### 3. 二级出售（Secondary Sale）

二级出售指 PE 基金在二级市场的股权转让。当创业创新企业成长良好，PE 的存续期满，或其他原因需要变现，PE 者可以在二级市场将 PE 股权出售给另一家

---

① 沈路，莫非，吴文然．浅论我国 PE 基金退出机制［EB/OL］．（2015－05－26）．http：//doc. mbalib. com.

PE 机构，以便将 PE 资本退出。

（三）清算

清算是 PE 万不得已的选择，是投资失败的结果。采用清算退出可以收回一定比例的投资，用于下一个投资循环。清算有三种方式，自然清算、解散清算和破产清算。在实践中，一般采用后两种清算方式。根据研究，清算退出通常能收回总投资的 60% 以上①。PE 家一旦预期到创业创新企业成长过慢或失败概率过高，不能实现预期回报时，就应果断退出止损。

## 二、PE 退出情况

（一）PE 退出市场的行业布局

PE 退出大致分布在 20 多个一级行业中，如图 3 – 11 所示，据清科研究中心私募通统计，2008 年 PE 退出案例大概有 24 笔②，2010 年退出案例迅速上升到 167 笔，2012 年退出案例共 177 笔，其中机械制造行业以 28 笔退出案例排首位，清洁技术行业、电子及光电设备行业各以 18 笔退出并列第二位。2013 年，退出案例最多的是房地产行业，获得 64 笔退出，遥遥领先于其他行业，排在第 2 ~ 第 6 位

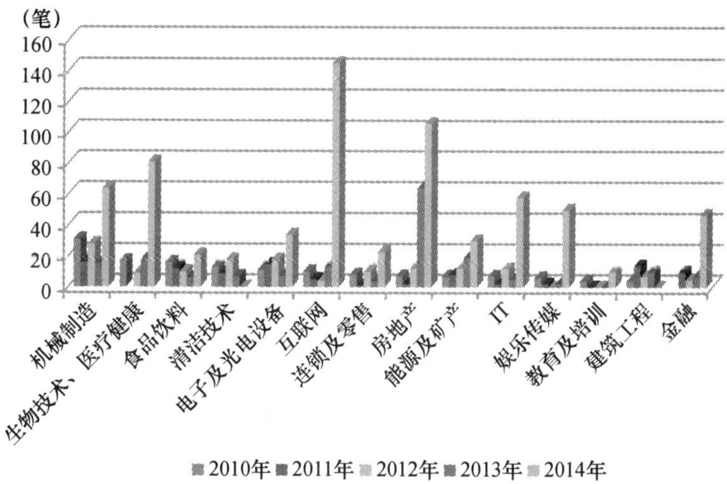


**图 3 – 11　PE 退出的行业案例数**

资料来源：清科研究中心投资界．中国 PE 年度研究报告（2010 ~ 2014 年）［EB/OL］．（2015 – 05 – 24）．http：//research. pedaily. cn/.

① 德邦证券，投中集团．中国 PE 年度报告 2012［M］．南京：江苏人民出版社，2012.

② 清科研究中心投资界．2008 年中国 PE 年度研究报告［EB/OL］．（2015 – 05 – 24）．http：//research. pedaily. cn/.

的行业分别为能源及矿产、生物技术/医疗健康、机械制造、互联网、建筑工程，退出笔数均在10笔以上①。2014年，退出案例数位居前三的行业分别为互联网、房地产和生物技术/医疗健康。

（二）PE以IPO方式退出的市场布局

PE以IPO方式退出的市场布局如图3－12所示。IPO退出市场主要以香港主板、深圳中小企业板、深圳创业板和上海证券交易所为主。以2012年为例，深圳创业板退出市场位居第一，其中退出案例48笔、平均退出回报4.31倍，位居第二的是深圳中小企业板，退出案例34笔，回报倍数为3.53。境外的退出情况依旧不乐观，退出情况最好的香港主板，其平均回报只有1.13倍②。

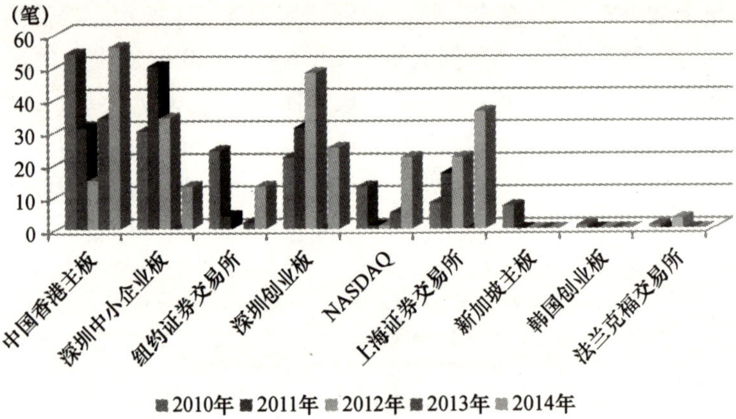


**图3－12 PE退出行业案例数统计**

资料来源：清科研究中心投资界．中国PE年度研究报告（2010～2014年）［EB/OL］．（2015－05－24）．http：//research. pedaily. cn/.

（三）PE退出方式的布局

PE的退出方式与资本市场的完善程度、行业性质有关。在PE发展初期，由于退出渠道狭窄，90%以上的PE选择IPO退出。据统计，2008年PE基金以IPO、上市减持、并购等退出方式为主，IPO方式退出的案例数占比最高，将近

① 清科研究中心投资界．2013年中国PE年度研究报告［EB/OL］．（2015－05－24）．http：//research. pedaily. cn/.

② 清科研究中心投资界．2012年中国PE年度研究报告［EB/OL］．（2015－05－24）．http：//research. pedaily. cn/.

80%①。譬如，房地产业多数选择以非 IPO 方式退出。2012 年房地产业有 12 笔退出案例，其中股权转让 6 笔，管理层收购 2 笔，股东回购 4 笔②。以 IPO 以外的方式为主退出的行业主要有生物技术/医疗健康、连锁及零售、金融等，如图 3－13所示。

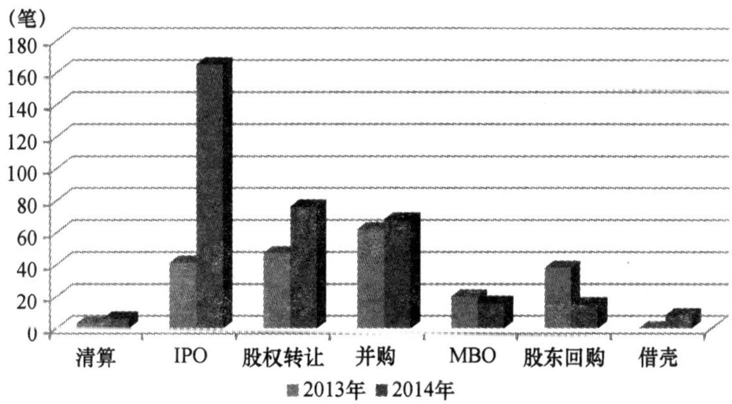


**图 3－13 PE 退出方式案例数统计**

资料来源：清科研究中心投资界．中国 PE 年度研究报告（2013～2014 年）［EB/OL］．（2015－05－24）．http：//research. pedaily. cn/.

2012 年后，退出方式多元化趋势比较明显，IPO 退出案例比例明显降低，并购、管理层收购、股权转让等非 IPO 方式受到更多 PE 机构的青睐。如表 3－1 所示。

**表 3－1 2013～2014 年 PE 退出方式分布情况** 单位：笔

| 年份 | IPO | 股权转让 | 并购 | 管理层收购 | 股东回购 | 房地产基金等 | 清算 |
|---|---|---|---|---|---|---|---|
| 2013 | 41 | 47 | 62 | 20 | 38 | 17 | 3 |
| 2014 | 165 | 76 | 68 | — | — | — | — |

资料来源：清科研究中心投资界．中国 PE 年度研究报告（2013～2014 年）［EB/OL］．（2015－05－24）．http：//research. pedaily. cn/.

① 清科研究中心投资界．2012 年中国 PE 年度研究报告［EB/OL］．（2015－05－24）．http：//research. pedaily. cn/.

② 清科研究中心投资界．2012 年中国 PE 年度研究报告［EB/OL］．（2015－05－24）．http：//research. pedaily. cn/.

## 三、PE退出市场的发展趋势

（一）PE以非IPO方式退出的市场规模及发展趋势

如图3－14所示，2005年以来，非IPO退出数量整体上呈增长趋势，且波动幅度不大；退出金额则变化剧烈，特别是2010年以来，非IPO退出金额大幅度增长，近几年维持在100亿元左右，这表明非IPO退出市场规模在扩大。但是，平均退出规模的增长速度大于案例数的增长速度，凸显了退出压力形势的严峻。

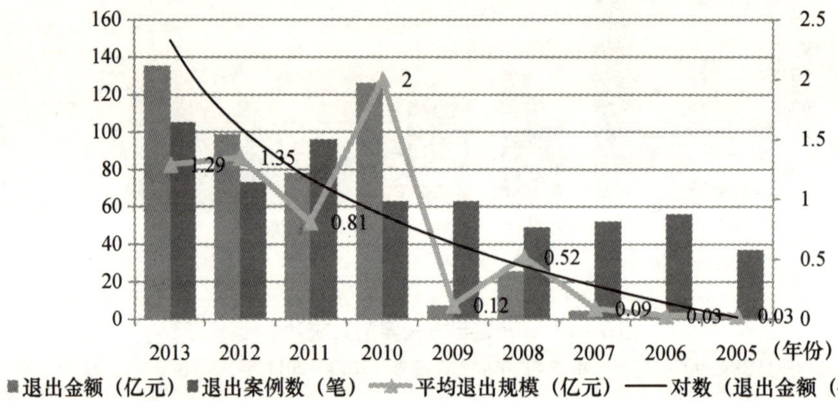


**图3－14　2005～2013年PE以非IPO方式退出的市场规模**

资料来源：Wind数据库。

从对数趋势线发现，未来退出金额还可能呈大幅增长的趋势，退出案例数可能会稳定增长，未来PE资本退出的市场规模将进一步扩大。从资本市场的发展情况分析，未来资本市场的多元化将会进一步促进非IPO退出方式的发展和退出规模的扩张。

（二）PE的非IPO退出方式及发展趋势

非IPO退出方式的多元化于2008年开始比较显著，这以前，90%以上的PE均以IPO方式退出。随着对IPO市场的规范和审查严格，以IPO方式退出市场的难度增加。另外，随着创业板、中小企业板的开启，退出渠道逐渐拓宽，非IPO退出方式日益成为主要的考虑。

从图3－15可以直观看出，经2008年、2009年的引领，2010年以来非IPO退出资本金额渐成气候，主要退出方式为并购和股权转让。MBO和清算方式退出的金额数量很少。清算退出量微乎其微，表明PE市场发展比较健康，投资成功率还比较高。模拟未来发展趋势，由于收益率较高和方式灵活，并购方式的退出还将继续扩大规模。

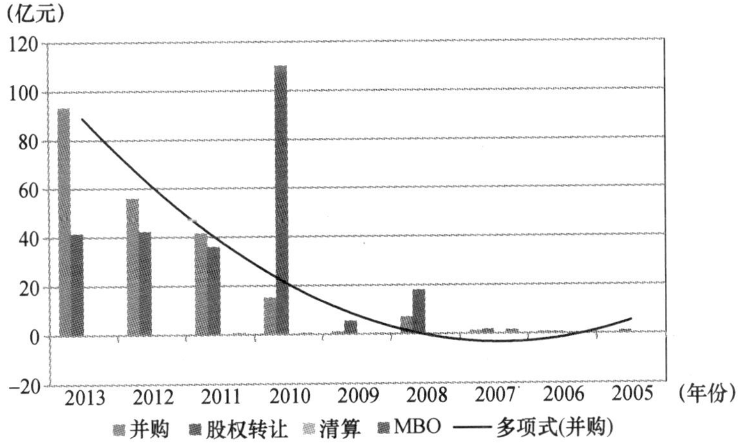


**图3-15 2005~2013年PE的非IPO退出方式**

资料来源：Wind数据库。

（三）PE退出收益的发展趋势

从PE退出收益看（见图3-16），退出亏损案例数大于退出盈利的案例数，退出亏损的金额小于退出盈利的金额。退出盈利的平均账面回报系数在2~4倍之间，也有少数年份超过5倍回报的。退出亏损的账面回报倍数大多数年份为0。从整体趋势看，自2008年以来退出盈利倍数基本上呈稳中有升的趋势，退出盈利的金额则起伏不定。不过，随着PE市场监管的规范和市场投资的日趋成熟，在市场竞争法则作用下，投资回报倍数将由最初偏高逐步走向理性，并趋于稳定。当然，单纯分析数据很难得到科学的结论，需要结合行业、宏观经济环境和政府发展战略以及资本市场的发展成熟度等综合考虑。

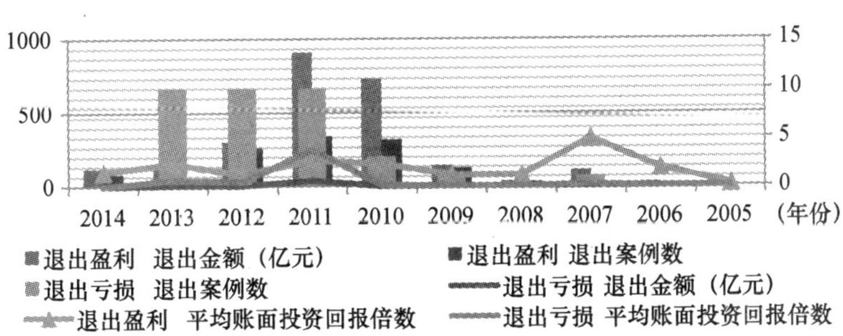


**图3-16 2005~2013年PE退出收益**

资料来源：Wind数据库。

## 第四节 本章小结

本章回顾了民间资本参与 PE 的起步阶段、快速发展时期、节奏放缓阶段及“股权投资时代”四个阶段，及促进民间资本投资 PE 的相关经济环境、政策和法规，分析了民间资本参与 PE 的现状和问题，并对民间资本 PE 退出方式、退出情况和退出市场的发展趋势进行了总结和回顾。

# 第四章 研究方法

为保障后续研究的科学性、有效性，本章将详细阐述后文实证研究中所采用的研究方法。本书以中国大陆地区 PE 机构为研究对象，研究我国民间资本转化为 PE 的关键影响因素及其之间的相互关系，研究成果可为政府部门提供决策参考，以期更为有效地对民间资本投资进行监管和引导。民间资本向 PE 转化的影响因素是多方面、多路径的，为保证全面性，本书基于以下视角进行研究：首先是从资金募集的角度，研究民间资本流向 PE 基金的影响因素；其次是从投资决策的角度，调查具有民间资本背景的 PE 决策的影响因素；最后是从退出的角度，调查具有民间资本背景的 PE 机构进行投资退出的影响因素。这三个方面的分析和研究结果分别在第五章至第十章提出。基于前述概念和理论，确定了实证研究方法。在实证研究部分，首先选取 PE 机构进行访谈，设计调查问卷，然后通过问卷测试、问卷发放、数据收集等流程，测量和分析相关变量。本书实证研究的数据来源为所收集的数据及调查问卷，问卷的质量以及数据的合理性、规范性等将直接影响实证研究的科学性。因此，本章将详细阐述本书的研究方法，以确保后续研究在顺利展开的同时，能保持科学性和真实性。

## 第一节 样本来源

本书以 PE 机构作为调查对象，重点调查具有民间资本背景的 PE 机构。民间资本具有不同于其他类别资本的特征，这些特征使得具有民间资本背景的 PE 基金与其他 PE 基金存在较大差异。因此，以 PE 机构作为调查对象，有利于本调查全面考察影响民间资本转化为 PE 基金的关键要素及其相互之间的关系。为从中观与微观层面全面反映相关影响因素，本次调查以 PE 机构为被调查对象。

本书选择被调查机构在 2011 ~2013 年各因素的变化情况作为问卷的基本题型。问卷题型这样设置的主要原因如下：一是为了真实地反映所调查 PE 机构在此期间基金设立及其绩效的变化缘由。2010 年 5 月，国务院鼓励民间资本投资的“新三十六条”——《国务院关于鼓励和引导民间投资健康发展的若干意见》（国发〔2010〕3 号）及其实施方案出台。“新三十六条”的出台，对民间资本设立 PE 基金具有积极的促进作用，因此，“新三十六条”出台前后，民间资本设立 PE 基金的行为可能会有所不同，这种变化需要积累若干年的演变数据才能更为真实地表现出来，只有包括了反映各项变化趋势的数据，才能更有效地揭示中观和微观的影响因素对民间资本转化为 PE 的影响及这些因素之间的内在联系。二是为了配合本书的“中观”和“微观”视角。对处于发展时期的中国民间资本而言，影响其参与 PE 的许多因素的重要性是在不断变化的，忽略一些要素的变化可能影响相关的研究结果，使研究结果的可信性降低。本书认为，从微观层面，企业的组织管理能力及市场能力是一种整合经济政策与现有资源的能力，它通过整合吸引 PE，促进企业成长。因此，采用近三年来各影响因素的变化情况来测量变量，可以有效地反映不同因素对民间资本转化为 PE 的内在影响。三是为了有利于在民间资本和 PE 两个研究领域之间进行可操作性的转化。将影响民间资本转化为 PE 的各种因素的变化采用动态变化程度描述，便于对该问题进行实证检验，以确定究竟是哪些因素对民间资本向 PE 的转化产生了显著的影响。

## 第二节　调查方法

本次调查所采取的方式为问卷调查法，其中问卷通过三个途径发放：

（1）由笔者带领学生，到 PE 机构进行上门访谈及问卷发放。在正式进行大规模调查之前，选取了四家具有民间资本投资背景的 PE 机构进行问卷试点调查。进行试点调查有两个目的：一是使问卷的设计更加符合我国 PE 机构的特点，并能更全面地反映出不同基金规模的投资机构的发展现状，以使问卷的结构和内容能够涵盖本书的各种问题；二是为了提前发现问卷设计及内容方面存在的问题，确保大规模调查结果的准确性。试点调查工作全部由笔者承担，通过电话、传真等方式征得被调查单位的同意，并按照预约开展相关调研。在填写问卷前，首先向被调查者解释调查问卷的相关信息，并回答被调查者的提问，在被调查者明确调查内容后，指导其正确客观地填写问卷。调查对象主要是具有民间资本背景的 PE 机构的高管及研究人员。调查过程分为两步：第一步是与被调查人员进行两小时左右的访谈，了解相关内容；第二步是问卷填写，同时，接受被调查人员的提问与建议。经过四个试点单位的调研，最初问卷经过逐步修正，最后，在解决实践中有关问题的同时，结合相关理论，完成了在正式调研中发放的调查问卷。

笔者上门发放问卷 153 份，回收 150 份，其中有效问卷 132 份，问卷回收率和有效问卷率分别为 98% 和 86%。

（2）中国私募股权及风险投资年会会议现场发放问卷。笔者于 2013 年底参加了中投集团举办的 2013 年度中国私募股权及风险投资年会，有 1300 多家 PE 机构参与了年会，其中相当一部分是民间资本投资的 PE，笔者利用会议的间歇向参会者讲解和发放问卷。这种方式共发放问卷 351 份，回收 112 份，其中有效问卷 93 份，问卷回收率和有效问卷率分别为 31.9% 和 26.5%。

（3）利用笔者在 PE 机构的人际关系，提前与相关机构进行电话联系，通过 E－mail 将调查问卷发放给 PE 机构的高管和基金经理，在邮件中讲明调查的目的和填写方法，由被调查者填好后以 E－mail 的形式返回。这种方式共发出问卷 310 份，回收 101 份，其中有效问卷 57 份，问卷回收率和有效问卷率分别为 19.8% 和 11%。

通过以上三种途径，共发放问卷 814 份，回收问卷 363 份，其中有效问卷 282 份。问卷回收率和有效问卷率分别为 44.6% 和 34.6%。问卷收发情况见表 4－1。问卷回收后，将逐个题项录入计算机，建立本书的调查问卷数据库，由多人进行录入校对，并且对问卷的有效性进行了测度，以确保数据库能有效地服务于后续研究。

**表 4－1　调查问卷收发情况**

| 问卷发放方式 | 问卷发放数量（份） | 问卷回收数量（份） | 有效问卷数量（份） | 问卷回收率（%） | 有效问卷率（%） |
|---|---|---|---|---|---|
| 笔者上门发放 | 153 | 150 | 132 | 98.0 | 86.0 |
| 年会发放 | 351 | 112 | 93 | 31.9 | 26.5 |
| E－mail 发放 | 310 | 101 | 57 | 19.8 | 11.0 |
| 合计 | 814 | 363 | 282 | 44.6 | 34.6 |

## 第三节　问卷设计

本书是从投资者的视角对民间资本转化为 PE 的影响因素的研究，由于调查问卷可以更好地反映各因素对投资者的影响，因而，适合本书数据的收集要求。研究选择被调查机构近三年间各方面的变化情况作为问卷题项。选取这种方式有三个方面的原因：一是为了真实地反映被调查 PE 机构在此期间各种具体投资活动的变化缘由。2010 年 5 月，国务院鼓励民间资本投资的“新三十六条”——《国务院关于鼓励和引导民间投资健康发展的若干意见》（国发〔2010〕3 号）

及其实施方案出台，进一步放开了民间资本的投资范围和领域，鼓励民间资本进入金融服务领域，推动民营企业加强自主创新和转型升级。随着宏观层面的放开，微观层面的因素越来越成为影响民间资本投资决策的重要因素。而这些因素变化的共同特征需要采用若干年的演变数据才能更为真实地反映出来，才能更有效地揭示各种因素与 PE 之间的内在联系。二是在以往的研究中，对 PE 基金设立影响因素的研究主要通过分析宏观经济变量与 PE 基金数量间的关系或以某一案例来研究，前者是一种宏观视角，从投资总量探讨影响民间资本设立 PE 基金的经济、政策、法律、税收等方面的因素，而忽视了许多不断变动的微观影响因素。民间资本转化为 PE 的同时受内部因素与外部因素的影响，其中外部因素（如区域经济政策和资源条件等）对其不仅具有直接影响，还会通过内部因素对设立行为产生间接影响。因此，采用连续变化的不同活动的状态趋势来进行测试，也是研究本身应具备的基本条件，否则难以有效地反映不同的因素对不同能力的内在影响。三是为了有利于在民间资本和 PE 两个研究领域之间进行可操作性转化。将影响民间资本转化为 PE 的各种因素的变化采用动态变化程度描述，便于对该问题进行实证检验，以确定究竟是哪些因素对民间资本向 PE 转化产生了显著影响。

在问卷题项的设计上，研究遵循了 Vincent（1976）所提出的有关原则，他认为，问卷题项应由简入深，以引起问卷填写者的兴趣，而涉及隐私以及具有敏感性的问题应尽可能放在问卷末尾，以减轻填写者的抵触情绪。本书根据以上建议，在问卷开始处设置较易回答的题项（如企业适合公开的基本情况等），对于投资机构的财务状况、填表人的个人情况等涉及被调查者隐私的问题予以排除，以消除被调查者对泄露隐私的疑虑，使填写人能以正常的心态客观地填写调查问卷。

在变量的测量上，本书采用的是 Likert 五级量表的形式。虽然 Likert 七级量表具有高变异量、高区分度等优点，但是根据 Berdie（1994）的研究经验，一般人的辨别能力很难适应 Likert 七级量表，而对五级量表的反应往往更为客观可靠。在对问卷进行预测试时，笔者发现 Likert 七级量表不仅花费问卷填写人更多的时间和精力，还更易引起被调查者的抵触情绪，而测量的精确程度并无显著提升。因此，尽管在初始问卷及第二稿中，问卷采用的是七级量表，但在第三稿中，笔者根据调查结果及被调查者的反馈意见，将问卷修改为五级量表。

单个题项的内涵往往过于狭隘，因而在问卷设计中，复杂变量的测量常设置多个题项，使题项更稳定地反映所测变量。基于此，本书对所有变量的测量均设计了多个题项，以提高度量的信度和效度。根据多数学者（Churchill，1979；Dunn 等，1994）的建议，问卷题项的设计应征求专家和企业界的意见，并进行预测试和修改优化，形成问卷终稿。遵循以上建议，本书在问卷设计过程中，经历如下步骤：①大量的国内外文献研究。为了更加合理地设计问卷，笔者查阅了许多民间资本和 PE 的相关文献，吸取了文献中与本书相关的研究成果，从民间资本投资角度，针对研究内容，设计了相关题项。②征求民间资本、PE 研究者的意见。在问卷初稿形成之后，向民间资本和 PE 研究专家、学者征求对初稿的意见和建议，并依据专家意见，对初稿的题项设计及措辞和问卷格式等方面进行了修改，形成了第二稿。③对一些由民间资本设立的 PE 机构的高管进行实地访谈。在调研过程中共与四位相关领域企业的高管进行了深入交流，以获取他们对研究内容的意见和看法，包括研究模型的表面效度（Face Validity），以及如何度量民间资本转化为 PE 的影响因素等，根据他们的意见，笔者对调查问卷的内容做了针对性修改，形成第三稿。④预测试（Pretest）。将问卷第三稿发放给四家由民间资本设立的 PE 机构的高管和基金经理开展预测试，针对他们的反馈信息，对一些题项进行了调整，形成了问卷终稿，问卷内容见附录。

以上问卷设计过程如图 4－1 所示：

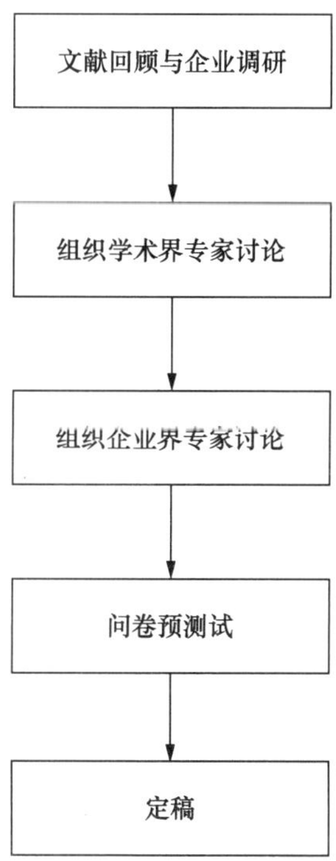


图 4－1 问卷设计流程图

## 第四节 防偏措施

问卷设计的可靠性指的是问卷真实、合理、科学地反映现实的程度，对于这一方面，许多文献从不同角度作过讨论。Sekaian（2005）认为问卷量表的设计包含四个层次，即问卷的理论构思与目的、问卷格式、问卷项目的语句和问卷用词，其中，目的决定问卷内容和量表构成，格式影响问卷表述的清晰度，语句和用词影响问卷填写人的情绪，在问卷设计时，应避免复杂语句和隐含假设，并防止过于抽象化的语言，题项含义应明确、具体、客观，同时要控制反应偏向。马庆国（2002）提出，问卷设计要注意以下两点：题项设计应符合研究目的及调查对象的特点，不能设置引起填写人情感偏向的题项；对于带有情感偏向而又必须获取的数据，可予以合理变换，从而获取相关数据。

许多学者对问卷设计中需要注意的问题进行了阐述，为保证问卷的质量，本书就这些问题进行了考虑。问卷问题的表述方式一直以来是关注的重点，本书在借鉴经典问卷表述方式的基础上，根据访谈结果，对被访谈者的意见综合考量，对原有表述进行修正完善，修正后的问卷同时考虑了对明确性、客观性、易理解性的要求，以及反映填写人真实意图的要求，并尽量避免在题项语句中隐含引导性假设，避免填写的一致性动机问题（Consistency Motive of Problem）。此外，据Podsakoff 和 Organ（1986）、Lee 等（2001）关于避免一致性动机问题的研究，在问卷中隐去了所测量的变量，并打乱了各个变量下设题项的顺序，进行交叉安排，以防止填写人在填写问卷时形成思维定式，影响问卷调查结果的质量。对于带有情感偏向的问题，问卷中对其进行了变换，以减轻填写人的感情偏向对调查的影响。为了防止和避免被调查人无法理解或无法了解问卷所提出的问题，本书的调查限定于 PE 机构的高管、基金经理和研究人员。之所以选择他们作为调查对象，是因为相信他们对本问卷调查的内容拥有更多的知识。本课题基于投资者的视角进行研究，通常情况下能够全面了解投资决策原因的人员主要是 PE 机构的高管、基金经理和研究人员，而是否投资，则由上述人员根据经济政策、资源条件及资金、可能的回报、退出预期等方面综合考虑。本次调查的绝大多数内容涉及定性判断，这有利于 PE 机构的高管、基金经理和研究人员结合本机构的实际，在给定的范围内做出明确的选择，使调查的结果更能体现各个机构自己的具体特征。

调查问卷包括填空题和选择题两个部分，其中选择题部分采用主观感知方法，量表形式为 Likert 五级量表，在题项设计上，遵循 Andrews（1984）的建议，将每个题项的句子长度限定在 20 个字左右，以提高题项的简洁程度。在问卷中，部分题项的回答是客观明确的，而部分应答则具有很强的主观性，容易受到应答者的主观影响，这会导致问卷结果出现偏差，Fowler（1988）通过分析认为，导致应答者做出偏差性回答的原因主要有以下几个：①应答者对所给提问的相关信息了解不足；②应答者虽然有所了解，但一时无法全面回忆起题项的相关信息；③由于某些原因应答者对提问有抵触情绪，不愿做出真实应答；④应答者无法理解所给问题。在本书中，尽管无法完全消除以上问题所带来的负面影响，但我们仍采取了以下措施，以尽可能准确地获取真实数据：①为防止第一类情况，本书将发放对象确定为 PE 机构的高管、基金经理或研究人员，这类受访者具有良好的专业背景，且长期参与该领域的实践活动，对所给题项都有深刻了解，不会出现了解不足的情况。②为防止应答者记忆模糊，本书所涉及的问题主要是针对本公司近阶段运营情况，以获取应答者清晰的短期记忆信息，减少遗忘带来的偏差。非数据型问题，则以投资决策中经常涉及的情景或问题来提问，使重复出现的场景和问题在被调查者心中反复强化，不会出现应答者不能回忆所提问题的情况。③为降低应答者抵触情绪，本书在与应答者接触初期便告知其研究目的，其相关信息也会给予保密，并在问卷卷首明确表示本书的非商业性质。另外，我们承诺若应答者对本书有兴趣，可第一时间获取本书的相关成果信息，以此来激励应答者的答题意愿。最后，在问卷中设置了一个可以测试应答者应答意愿的全局题项，并针对该题项设置了标准，低于一定标准的问卷将予以删除，作无效问卷处理。④为防止应答者无法理解所给题项，本问卷经历了设计、预测试、修改等环节，在预测试过程中，接受应答者和相关专家的提问及建议，并在修改环节仔细斟酌语句，逐步降低题项的不可理解程度。此外，按照 Lee 等（2001）的建议，我们在问卷设计中，隐去了本书所需要测量的变量，并且将 PE 的相关题项置于影响因素题项之后，在一定程度上降低了应答者形成自我逻辑的可能性，提高了问卷结果的可靠性。

## 第五节 问卷内容

本问卷是针对我国 PE 机构的大规模问卷调查，旨在调查外部的经济变量和 PE 内部的特征对民间资本向 PE 转化的影响，探索中国民间资本设立或参与 PE 的影响因素，为民间资本和 PE 的发展提供参考，因而将本调查问卷命名为“PE 资金来源、投资及退出影响因素调查问卷”。问卷主要分为以下四个部分：

第一部分是 PE 机构基本情况调查，这部分由两类问题组成，共 12 个题项 29 个指标：①投资机构自身基本情况。主要调查投资机构自身的相关情况，包括机构成立时间、所在省（区）、机构所有制性质、组织形式、公司注册地、是否是国际 PE 的分支机构、是否是上市公司、从业人员数量、管理资产规模、经营年限等内容。②管理基金情况调查。主要调查投资机构所管理的基金数量、规模、投资行业、投资阶段，近三年来进入 PE 基金的各种资金的增长情况等内容。

问卷的第二部分是关于资金募集影响因素的调查，这部分是针对全部 PE 机构进行的，其中包括非民间资本背景的 PE 机构。在对该部分的问卷题项进行设计时，综合梳理了第二章文献述评的相关内容，以及资金募集来源的前期研究成果，最后还考虑了专家访谈意见和问卷预测试阶段所取得的相关信息。最后形成的题项内容主要包括八个部分，共 12 个题项 78 个指标：①资金来源的调查。资金来源的调查包括两个部分，即 PE 资金的来源渠道以及资金来源的变动情况。②全社会民间资本总量对 PE 资金募集的影响。③市场上各类替代投资品的收益和投资支持政策对 PE 资金募集的影响因素。④PE 相关的税收对 PE 资金募集的影响。⑤政府对 PE 发展的政策支持对 PE 资金募集的影响。⑥PE 高管能力对 PE 资金募集的影响。⑦PE 组织适应力对 PE 资金募集的影响。⑧PE 收益对 PE 资金募集的影响。

问卷第三部分对 PE 决策的影响因素进行考察，以确定民间资本背景的 PE 决策的特征及哪些因素影响其决策。该部分调查只统计有效问卷中具有民间资本背景的部分。这部分调查分为五个方面，共 70 个题项 70 个指标：①区域经济政策对 PE 决策的影响。主要包括区域性经济政策及行业发展政策对投资决策的影响。②区域资源条件对投资决策的影响。③企业管理能力对 PE 决策的影响。主要包括被投资企业的管理特质对投资决策的影响。④企业市场能力对 PE 决策的影响。主要包括被投资企业的市场反应和市场运作等特质对投资决策的影响。⑤退出期望对 PE 决策的影响。主要包括预计退出时间、预计退出收益、预计退出方式、期望的附加收获等内容。

问卷的第四部分是关于 PE 退出的影响因素的调查。主要调查具有民间资本背景的 PE 基金退出的影响因素，以确定民间资本背景的 PE 退出的特征及哪些因素影响其退出实施。这部分调查只统计回收的有效问卷中，具有民间资本背景的部分。共设置了 46 个指标。调查内容包括七个部分 46 个指标：①具有民间资本背景 PE 从投资组合公司退出的特征，这部分内容以填空或选择的形式进行。②退出净收益对退出的影响。以 Likert 五级量表的形式，对退出净收益的影响因素进行了研究。③退出支付方式对退出的影响。④退出环境对退出的影响。⑤退出涉及的相关人员对退出的影响。⑥退出渠道对退出的影响。⑦退出决策的内容。

完整的调查问卷包括两种题型：填空和选择，题项的指标设计遵循如下原则：

一是简明原则。因涉及商业秘密，PE 机构的原始数据往往比较敏感，不便获取，在问卷中，大部分题项采用的是主观评测法，为保证填写人与调查者对问卷的理解一致，使调查结果尽量客观，衡量标准尽量一致，在设计题项指标时，以简单明了为原则。二是贴近实际原则。贴近实际有助于提高问卷的科学客观程度，并增加填写人的填写准确度，本书通过预调查，将投资机构的高层和基金管理人员的意见汇总整理，尽可能全面地涵盖在问卷之中。三是全面原则。本书从中观、微观两个方面调查 PE 的驱动因素，并将这些因素归为机构的基本情况调查、资金募集的影响因素调查、投资决策的影响因素调查、退出的影响因素调查四个部分，设计了 200 个题项，223 个指标，平均每个题项有 2 ~9 个相应指标描述。其中关于机构的基本情况设计了 12 个题项，29 个指标；关于 PE 基金资金募集的影响因素，设计了 12 个题项，78 个指标；关于 PE 决策的影响因素，设计了 70 个题项，70 个指标。关于 PE 退出影响因素，设计了 46 个题项，46 个指标。这 200 个题项 223 个指标来源于以下三个方面：

第一方面来源于现有研究中具有较高水平且具有较强认可度的部分研究成果，笔者通过仔细筛选，有选择性地进行了参考。第二方面来源于笔者长期从事 PE 研究的经验。自 2006 年开始，笔者便开始了这方面的研究，其间曾多次参加中国 PE 年会、中国风险投资年会等，并与产业界、学术界的朋友进行了本书领域上的深入交流，收集了国内 PE 机构的许多相关数据，形成初步的研究方案和具体的研究内容。第三方面来源于笔者在前期调研访谈中得到的反馈信息：如某 PE 机构合伙人在笔者的访谈中提到目标公司所在的行业、发展战略与目前的市场发展方向和趋势要相一致；某 PE 公司基金经理谈到对新技术的预测和判断很重要；另一个投资机构的副总裁提到区域政策差异对 PE 有较大的影响等。本书将这些反馈信息进行处理和完善，并最终有选择性地加入到最终问卷之中（问卷内容详见附录）。

## 第六节　统计分析方法及程序

### 一、统计分析项目

本书通过问卷调查的方式收集研究数据。对调查问卷所收集到的数据的有效性进行了多种统计分析，最终形成了本书所使用的数据库，用以验证理论分析中的各种假设。本书所使用的分析软件为 SPSS 18.0 版和 AMOS 17.0 版。主要的统计分析方法为：

（1）信度和效度分析。用于检验变量的可靠性。

（2）Pearson 相关性分析。用于检验变量间的相关关系及方向。

（3）多元回归分析。对通过相关分析的假设进行多元回归分析，进一步分析变量之间的相关程度，并为下一步进行结构方程模型分析做好准备。

（4）结构方程建模。对变量间复杂的相关关系建立结构方程模型，进行拟合检验。

本书之所以选择结构方程模型作为分析的主要工具，是因为结构方程模型较适合本书的研究内容，原因如下：首先，结构方程模型在解释模型中各因素间直接、间接关系的同时，还能反映因素间的交互作用，这种特点完全符合本书进行影响因素研究的基本思路和要求。其次，本书研究的目的是探究中国民间资本向 PE 转化的影响因素，通过对比，在现有的统计分析工具中，只有结构方程模型技术能够较充分地反映驱动民间资本投资私募股权的相关要素信息，以及这些要素间的交互作用。当然，应该明确的是，结构方程模型作为一种验证性技术，并不具备探索功能，也即该模型能验证已建立模型的合理性，而不能探索新模型的生成。在本书中，具有验证功能的技术已经足以满足要求，所以，经过详细对比筛选，本书最终确定结构方程模型作为主要研究方法。

### 二、统计分析程序

本书首先使用 SPSS 软件包对调查问卷的基本情况进行统计分析，得出模型基本的描述性统计值；其次，以 Pearson 检验进行相关性分析，检验变量之间的相关性；再次，运用多元统计回归技术通过 SPSS 软件包得出拟合模型，进一步检验提出的假设；最后，使用 AMOS 17.0 软件包确定出最终的结构方程模型。

虽然本书试图进行新研究领域的创新性探索，相关研究成果及参考文献也相对匮乏，但为得出更具有解释力的结果，笔者仍认为设立严格的检验标准是十分必要的。为此，本书中，各研究假设的置信度均设置在 0.05 的水平之上，以增强研究成果的说服力。

## 第七节　本章小结

本章介绍了研究所使用的实证分析方法，对数据的收集、问卷内容的设计以及样本的来源进行了详细的描述，对本书采用的信度和效度分析、相关性分析、多元统计回归和结构方程建模等研究方法进行了较为详细的阐述。在问卷设计过程中，本书采用预调查的方法对问卷进行了多次修正，逐步对问卷进行完善，尽可能科学、全面、客观地完成最终问卷。在数据收集过程中，为确保最终数据库的客观性、有效性，对问卷发放和回收过程进行了严密的监管。在分析方法说明中，对本书将采用的各种分析工具及模型进行了说明。在随后的文章中，本书将基于所获的数据，结合理论研究成果，提出假设，并利用上述分析方法，对本书提出的研究假设进行实证研究。

# 第五章　募集阶段：影响民间资本转化为 PE 募集资金的概念模型与假设

在资金的募集阶段，PE 机构募集资金的来源既有民间资本，又有国有资本，还有外国资本以及其他资本。不同的资金来源，其特征和运作方式也不尽相同，本章分析资金募集阶段影响民间资本转化为 PE 因素及其相互关系，构建 PE 资金募集阶段民间资本转化为 PE 的概念模型，并依据理论分析和概念模型提出研究假设，设置相关变量。

## 第一节　民间资本转化为 PE 募集资金的概念模型

PE 募集资金中民间资本数量的多少，既受宏观经济形势的影响，也受中观政策、制度、税收的影响，还受到 PE 机构自身特质等微观因素的影响。在一个较短的时期内，如 3 ~5 年，宏观经济形势的变化并不明显，因此，中观和微观的因素就变得较为重要了。本书的研究时间限定于近三年，宏观方面的经济、政治和法律因素的变化在三年内可以忽略不计，因此，本书搁置宏观因素，主要从中观和微观的视角来研究民间资本向 PE 转化的影响因素。从中观和微观的视角，PE 募集资金中民间资本数量的多少，会受到一系列因素的影响。这些因素包括：全社会民间资本总量、替代投资品的情况、税收、政府对 PE 发展的政策支持、PE 高管能力、PE 组织适应力、PE 收益以及 PE 规模、成立时间、投资阶段等。

这些因素有内部的，如 PE 高管能力、PE 组织适应力、PE 收益，也有外部的，如全社会民间资本总量、替代投资品的情况、税收、政府对 PE 发展的政策支持等，还有控制性因素，如 PE 规模、成立时间、所在区域、投资阶段等。在这些因素中，全社会民间资本总量、替代投资品的情况、税收、政府对 PE 发展的政策支持、PE 高管能力、PE 组织适应力、PE 收益对 PE 募集资金中民间资本数量的多少产生直接的影响，据此，提出本书的第一个概念模型，如图 5 －1 所示。

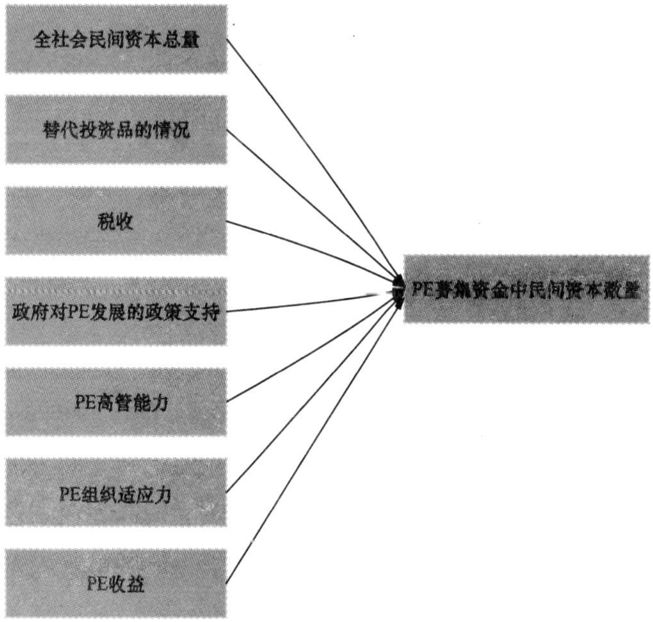


**图5－1 概念模型1：解释变量与PE募集资金中民间资本数量**

其中，全社会民间资本总量、替代投资品的情况、税收、政府对PE发展的政策支持、PE高管能力、PE组织适应力又通过作用于PE收益，对PE募集资金中民间资本的数量产生间接影响，据此构建本章的第二个概念模型，如图5－2所示：

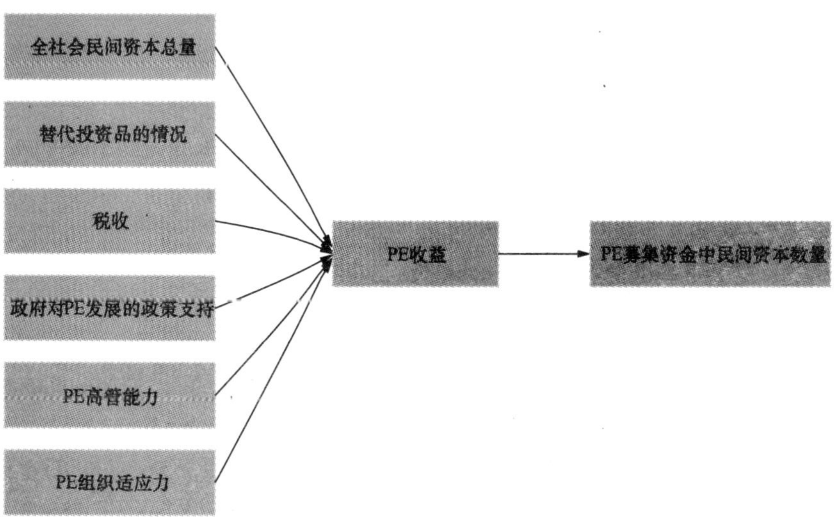


**图5－2 概念模型2：PE收益中介作用的概念模型**

政府对PE发展的政策支持、PE高管能力通过作用于PE组织适应力，对PE募集资金中民间资本数量产生影响。因此，构建第三个概念模型，如图5-3所示：

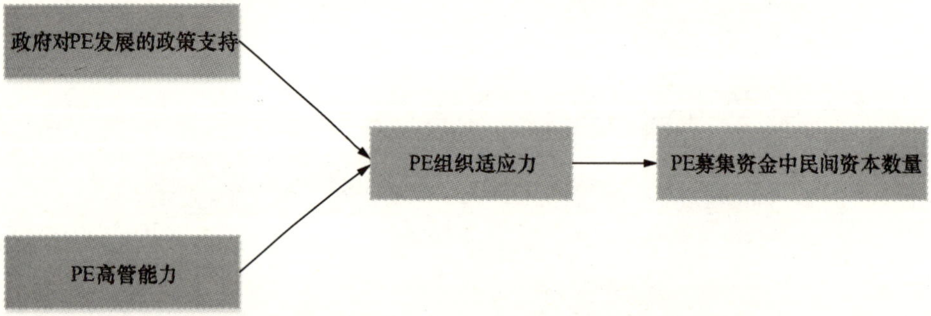


**图5-3　概念模型3：PE组织适应力中介作用概念模型**

至此，本章提出的各因素之间的关系的概念模型，如图5-4所示：

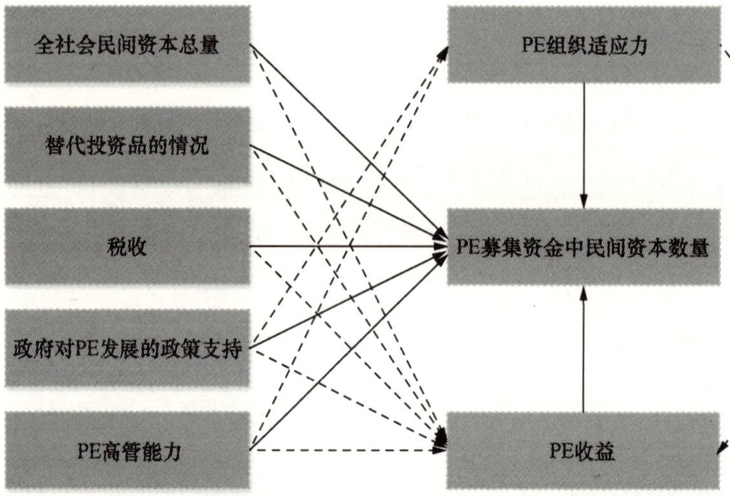


**图5-4 概念模型4：PE募集资金中民间资本数量的概念模型**

# 第二节　研究假设

## 一、全社会民间资本总量的变化量与PE募集资金中民间资本数量

全社会民间资本总量的增加或减少，都会直接影响到民间资本向各行业投资的增加或减少。这种变化会反映在PE领域，影响PE募集资金中民间资本数量

的变化。因此，提出假设1.1：

假设1.1：全社会民间资本总量的变化与PE募集资金中民间资本数量的变化正相关，全社会民间资本数量越多，PE募集资金中民间资本的数量也越多；反之，PE募集资金中民间资本数量越少。

## 二、替代投资品的情况与PE募集资金中民间资本数量

凡是能取得投资收益的金融工具或实物投资工具都有可能替代PE，成为民间资本投资的对象，从而影响PE募集资金中民间资本数量的多寡。替代投资品从以下两个方面影响民间资本流入PE：一是替代投资品收益的变化。当替代投资品的收益相对上升，PE的收益相对下降时，资本的本性是追逐利益的，民间资本投资替代投资品的资金就会相对增加，而投资于PE的民间资本就相对减少。二是替代投资品政策支持的变化。政策支持和引导资本投资替代投资品时，如替代投资品投资限制减少，就会吸引民间资本投资原来不能投资的，或不能充分投资的项目，分流民间资本。这两个方面都会对PE募集资金中民间资本数量产生负面的影响，因此，提出假设1.2和假设1.3：

假设1.2：替代投资品收益的变化与PE募集资金中民间资本数量的变化负相关，替代投资品投资收益增加，PE募集资金中民间资本数量减少；反之，PE募集资金中民间资本数量增加。

假设1.3：替代投资品投资支持政策与PE募集资金中民间资本数量的变化负相关，替代投资品投资支持政策增加，PE募集资金中民间资本数量减少；反之，PE募集资金中民间资本数量增加。

## 三、税收与PE募集资金中民间资本数量

税收是影响PE收益的一个重要因素。PE的收益在于资本利得。资本利得税高，投资者在PE上获得的收益就要交较多的税，降低了投资者的收益，影响了民间资本投资私募股权的投资积极性。因此，与PE相关的税收对PE募集资金中民间资本数量产生负面的影响，据此，提出假设1.4：

假设1.4：PE相关税收与PE募集资金中民间资本数量的变化负相关，税收增加，PE募集资金中民间资本数量减少；反之，PE募集资金中民间资本数量增加。

## 四、政府对PE发展的政策支持与PE募集资金中民间资本数量

政府支持PE发展主要从两个层面，即从中央政府层面以及从地方政府层面，支持的形式有两种：一是以补贴的形式，由中央政府或地方政府直接对PE发展进行资金补贴；二是出台优惠扶持政策，通过增加支持政策或减少限制政策的方

式促进 PE 的发展。政府对 PE 发展的政策支持可以对 PE 募集资金中民间资本数量产生正面的影响，据此，提出假设 1.5：

假设 1.5：政府对 PE 发展的政策支持与 PE 募集资金中民间资本数量的变化正相关，政府对 PE 发展的政策支持增加，PE 募集资金中民间资本数量就增加；反之，PE 募集资金中民间资本数量减少。

## 五、PE 高管能力与 PE 募集资金中民间资本数量

PE 高管能力是指 PE 高管的综合能力。高管的综合能力会影响 PE 的管理效率，从而对公司的投资效益产生直接影响。因此，从微观的层面上研究 PE 募集资金中民间资本数量变化的影响因素就必然要涉及 PE 高管能力。PE 高管能力主要反映在五个方面：目标、价值取向、市场反应、运作和团队协作。目标能力是公司高管设置和实现切实有效公司目标的能力，目标能力的高低，直接影响公司的发展，进而影响到资金的募集。价值取向能力指的是公司高管对公司相关事务的价值判断。价值判断会影响高管对投资、退出和合作伙伴的选择，并进而影响到 PE 资金的募集。市场反应能力是 PE 高管适应市场变化而调整公司运作，抓住市场机会的能力，包括市场信息的收集、市场需求的满足和为适应市场变化而做出内部调整的能力和水平。运作能力是指高管的资金运作水平，高管的资金运作水平的高低，直接影响到投资收益，因而会对资金的募集数量产生影响。团队协作能力主要反映 PE 高管知识、经验、特长的互补性及团队的合作水平。本书从这五个方面对 PE 高管能力进行评价和测量，并期待高管能力对 PE 募集资金中民间资本数量产生正面的影响，提出假设 1.6：

假设 1.6：PE 高管能力与 PE 募集资金中民间资本数量的变化正相关，PE 高管能力越强，PE 募集资金中民间资本数量越多；反之，PE 募集资金中民间资本数量越少。

## 六、PE 组织适应力与 PE 募集资金中民间资本数量

PE 组织适应力是指 PE 公司综合运用掌握的资源通过内部沟通和外部协作对环境变化迅速做出反应的能力。组织适应力包括 PE 公司目标能力、战略能力、资源运用能力、沟通和反应能力、协作能力和决策能力六个方面。PE 组织适应力的强弱，直接影响到 PE 募集资金中民间资本数量，对 PE 募集资金中民间资本数量有正面影响。据此，提出假设 1.7：

假设 1.7：PE 组织适应力与 PE 募集资金中民间资本数量的变化正相关，PE 组织适应力越强，PE 募集资金中民间资本数量越多；反之，PE 募集资金中民间资本数量越少。

## 七、PE 收益与 PE 募集资金中民间资本数量

PE 收益指的是投资回报情况，它不仅直接影响 PE 资金的募集，同时受到替代投资产品收益、替代品投资政策的变化、政府对 PE 的支持等 PE 公司外部的因素及 PE 高管能力等内部因素的影响，是中介变量。据此，提出假设 1.8：

假设 1.8：PE 收益与 PE 募集资金中民间资本数量正相关，PE 收益越高，PE 募集资金中民间资本数量越多；反之，PE 募集资金中民间资本数量越少。

## 八、政府对 PE 的政策支持、PE 高管能力与 PE 组织适应力

PE 组织适应力不但对 PE 募集资金中民间资本数量产生影响，作为中介变量，又受到政府对 PE 的政策支持及 PE 高管能力因素的影响。政府对 PE 的政策支持对 PE 组织适应力有正面影响，并通过组织适应力对 PE 募集资金中民间资本数量产生影响；PE 高管能力也对 PE 组织适应力有正面影响，并通过组织适应力对 PE 募集资金中民间资本数量产生影响。据此，提出假设 1.9 和假设 1.10：

假设 1.9：政府对 PE 发展的政策支持与 PE 组织适应力正相关，政府对 PE 发展的支持越强，PE 组织适应力越强，反之，PE 组织适应力越弱。

假设 1.10：PE 高管能力与 PE 组织适应力正相关，PE 高管能力越强，PE 组织适应力越强；反之，PE 组织适应力越弱。

## 九、全社会民间资本总量与 PE 收益

全社会民间资本总量对 PE 收益产生影响。全社会民间资本总量越多，分配到 PE 上的投资也越多，充足的资金会增加 PE 的投资收益。因此，民间资本总量与 PE 收益有正面影响，据此，提出假设 1.11：

假设 1.11：全社会民间资本总量与 PE 收益正相关，全社会民间资本总量越多，PE 收益越高；反之，PE 收益越低。

## 十、政府对 PE 的政策支持与 PE 收益

政府对 PE 的政策支持会对 PE 收益产生正面的影响。政府对 PE 支持越强，PE 收益就会越高，据此，提出假设 1.12：

假设 1.12：政府对 PE 发展的政策支持与 PE 收益正相关，政府对 PE 发展的政策支持程度越强，PE 收益越高；反之，PE 收益越低。

## 十一、替代投资品收益，投资支持政策与 PE 收益

替代投资品会挤占投向 PE 的资金。当替代投资品的相对收益增加时，民间

资本可能会从 PE 流向替代投资品，造成 PE 资金紧缺，从而影响 PE 收益；另外，若中央政府或地方政府出台对替代投资品有利的支持政策，会吸引民间资本向替代投资品投资，因此，在社会民间资本存量一定的情况下，流向 PE 的民间资本被挤占，影响 PE 的投资收益。由此可知，替代投资品收益和投资支持政策与 PE 收益负相关。据此，提出假设 1.13 和假设 1.14：

假设 1.13：替代投资品收益与 PE 收益负相关，替代投资品相对收益越高，PE 收益越低；反之，PE 收益越高。

假设 1.14：替代投资品投资支持政策与 PE 收益负相关，替代投资品投资支持政策增加，PE 收益减少；反之，PE 收益增加。

## 十二、PE 相关税收与 PE 收益

PE 相关税收直接影响 PE 收益。税收越高，PE 收益越低。因此，提出假设 1.15：

假设 1.15：PE 相关税收与 PE 收益负相关，税收增加，PE 收益减少；反之，PE 收益增加。

## 十三、PE 高管能力与 PE 收益

PE 高管能力直接影响 PE 收益，高管能力强，能够统筹运作公司的资金、资源，充分利用外部环境中的有利条件，规避外部环境中的不利因素，取得较好的收益，因此，PE 高管能力对 PE 收益具有正面的影响。据此，提出假设 1.16：

假设 1.16：PE 高管能力与 PE 收益正相关，PE 高管能力越强，PE 收益越高；反之，PE 收益越低。

## 十四、PE 组织适应力与 PE 收益

PE 组织适应力也会影响到 PE 收益。组织适应力是 PE 公司统筹运用公司内、外部资源，适应外部环境变化的能力。较强的组织适应力，可以使 PE 公司迅速对外界变化做出反应，及时调整公司内部结构和运作流程以适应外部的变化，从而取得较好的收益，而组织适应力较差的公司，则无法及时适应外部变化，影响了投资收益的取得。因此，提出假设 1.17：

假设 1.17：PE 组织适应力与 PE 收益正相关，PE 组织适应力越强，PE 收益越高；反之，PE 收益越低。

## 十五、变量间结构关系假设

在所有变量中，PE 组织适应力和 PE 收益两个变量，既能影响 PE 募集资金

中民间资本的数量，又受到其他解释变量的影响（如高管能力、政府政策、民间资本总量等），是中介变量。解释变量通过影响中介变量对PE募集资金中民间资本的数量产生影响，中介变量也会通过彼此的影响进而对PE募集资金中民间资本的数量产生影响。根据前述分析，提出变量间结构关系假设1.18和假设1.19：

假设1.18：政府对PE发展的政策支持、PE高管能力通过对PE组织适应力的作用进而影响到PE募集资金中民间资本的数量。

假设1.19：政府对PE发展的政策支持、PE高管能力通过对PE收益的作用进而影响到PE募集资金中民间资本的数量。

至此，在PE资金募集阶段，影响民间资本投资PE研究假设已全部提出。下一节将根据研究的概念模型和研究假设，对PE资金募集阶段所涉及的被解释变量、解释变量、中介变量和控制变量进行分析和设计。

## 第三节　被解释变量

投资过程可分为不同阶段，在不同阶段，内外部因素对民间资本投资PE基金的影响各不相同。基于各因素的影响机制，本书将投资过程划分为三个阶段，即资金募集阶段、投资阶段和退出阶段。在资金募集阶段，重点研究PE公司所募集到的资金数量。PE募集资金数量的多少，是PE公司在外部因素和内部因素共同作用下形成的结果，反映了外界对整个行业、特定企业的评价，以及PE公司本身的特质。因此，研究选择"PE募集资金中民间资本数量"的多少作为资金募集阶段的被解释变量。

关于资金募集数量的衡量，既有绝对数量的衡量方式，又有相对数量的衡量方式。绝对数量的衡量方式简单明了，数量来源较多，既可以从企业公开的资料中收集，又可以在清科、ChinaVenture的数据库中收集。但是，从数据库中得到资金募集的绝对数量作为衡量资金募集的指标存在较多的问题：一是资金募集数量的历史变动情况得不到反映。而资金的历史变动反映了不同时期内、外部因素的变化对PE资金募集的影响。二是无法匹配调查问卷的时间区间。被调查者在填写问卷时可能只考虑当下的情况，并依此选择问卷的答案。但是，一项影响因素发挥作用，并反映到资金募集的数量上，往往会有一段时间的滞后，被调查者在填表时可能只会关注当下因素的变化，并对这种变化进行回答，而对于历史因素变化所导致资金募集数量的变化，在有限的填表时间内，填写者很难做出准确应答。考虑到以上情况，为解决募集资金的历史变动情况，本书运用相对值作为衡量募集资金中民间资本数量的指标，设置了“近三年来，募集资金中民间资本的数量”、“近三年来，募集资金中民间资本所占的比重”、“近三年来，民间资本总量的变化情况”三个题项，测量近三年来，以被调查者的视角来观察，募集资金的数量是“减少很多”、“减少一些”，还是“基本不变”、“增加一些”、“增加很多”，并分别赋予1、2、3、4、5的分值。把资金募集数量指标设计成一个动态的相对值，既可以衡量募集资金历史变动情况，又可以解决解释变量与被解释变量的时间匹配问题。

## 第四节　解释变量

在资金募集阶段，有很多因素对民间资本转化为PE发生作用。这些因素包括全社会资本总量、替代投资品、税收和其他政策优惠及PE自身的因素等。根据前人的研究，本书选取了七个方面的因素组成解释变量，共设计了67个题项对这七个变量进行测量，变量及题项描述如下：

### 一、全社会民间资本总量的变化

全社会民间资本总量的变化会影响到募集阶段PE资金的募集数量。民间资本总量的变动会影响整个社会投资。由于社会资本总量的增减，分配到各行业的资本量也发生增减，因此，分配到PE方面的资本量会发生变化。但是，资本是逐利的，它们总是追逐收益较高的行业，是否投资于某一行业，不但取决于全社会的资本总量，还取决于该行业的相对收益率及其他一系列因素。因此，从理论上讲，全社会民间资本总量的变化，也许会影响到民间资本向PE的转化，但究竟如何影响及影响的情况如何，则需要实证确认。因此，本书将民间资本总量的变化设置为第一个解释变量，设置了“近三年来，全社会民间资本总量”、“近三年来，全社会民间资本与非民间资本的相对增加量”、“近三年来，民间资本总量流动性”三个题项，测量近三年来，以被调查者的视角来观察，民间资本的数量是“减少很多”、“减少一些”，还是“基本不变”、“增加一些”、“增加很多”，并分别赋予1、2、3、4、5的分值。

### 二、替代投资收益与投资支持政策变化

替代投资品对PE募集资金中民间资本数量的影响反映在两个方面：一是替代投资品的收益变化对其产生的影响；二是替代投资品投资支持政策的变化对其产生的影响。在全社会资本存量一定的情况下，对PE有替代作用的其他投资越

多，收益越高，则民间资本被挤占的越多，即转化为PE的民间资本就越少。因此，替代投资收益的变化在资金募集阶段，会对民间资本转化为PE的数量产生影响。替代投资品的范围很广，凡是可能产生投资收益的投资品种，都可能替代PE。鉴于此，本书从金融市场工具和实物投资工具两个方面来分析替代投资品收益的变化，分别设置题项测量。

在金融市场工具方面，本书设置了五个题项来测量股票、债券、黄金、外汇和金融衍生品的投资收益变化情况。对于股票投资，设置了“近三年来，股票投资收益”题项，测量近三年来，以被调查者的视角来观察，股票投资收益的数量是“减少很多”、“减少一些”，还是“基本不变”、“增加一些”、“增加很多”；对于债券投资，设置了“近三年来，债券投资收益”题项，测量近三年来，以被调查者的视角来观察，债券投资收益是“减少很多”、“减少一些”，还是“基本不变”、“增加一些”、“增加很多”；对于黄金投资，设置了“近三年来，黄金投资收益”题项，测量近三年来，以被调查者的视角来观察，黄金投资收益是“减少很多”、“减少一些”，还是“基本不变”、“增加一些”、“增加很多”；对于外汇投资，设置了“近三年来，外汇投资收益”题项，测量近三年来，以被调查者的视角来观察，外汇投资收益是“减少很多”、“减少一些”，还是“基本不变”、“增加一些”、“增加很多”。对于金融衍生品投资，设置了“近三年来，金融衍生品投资收益”题项，测量近三年来，以被调查者的视角来观察，金融衍生品投资收益是“减少很多”、“减少一些”，还是“基本不变”、“增加一些”、“增加很多”。

在实物投资工具方面，本书根据目前我国实物投资现状，将其分为两大类：房地产投资和其他实物投资。这样分的原因在于近年来房地产投资收益的持续上升和民众对住房作为投资品的认可。自2000年以来，中国的房地产市场得到了持续的发展，房产价格连创新高，使得房屋不但具有居住价值，而且具有投资价值，出现了经济实体投资房地产的热潮。因此，本书在实物投资工具方面，将房地产投资专门列出，以衡量房地产投资收益对民间资本转化为PE的影响。除房地产之外的其他实物投资，因为面太广，无法一一列出，统统归为“其他实物投资”。在测量实物投资工具的投资收益时，本书设置了“近三年来房地产投资收益”和“其他实物投资收益”题项，测量近三年来，以被调查者的视角来观察，房地产和其他实物投资收益是“减少很多”、“减少一些”，还是“基本不变”、“增加一些”、“增加很多”。

替代投资品投资支持政策的变化主要反映在投资限制的减少上，包括金融市场工具投资限制的减少和实物投资工具投资限制的减少两个方面。本书设置了七个题项来测量替代投资限制减少对资金募集的影响。在金融市场工具方面，设置了“近三年来，股票投资限制减少”、“近三年来，债券投资限制减少”、“近三年来，黄金投资限制减少”、“近三年来，外汇投资限制减少”、“近三年来，金融衍生品投资限制减少”五个题项，并以“非常不同意”、“不同意”、“不确定”、“同意”、“非常同意”来表示，分别赋予1、2、3、4、5分值。

在实物投资工具方面，本书设置了两个题项来测量替代投资限制减少对资金募集的影响：“近三年来，房地产投资限制减少”、“近三年来，其他实物投资限制减少”，并以“非常不同意”、“不同意”、“不确定”、“同意”、“非常同意”来描述，分别赋予1、2、3、4、5分值。

## 三、税收

税收对PE的募集有较大的影响。Groh和von Liechtenstein（2009）对中东欧新兴国家吸引PE的影响因素进行了实证分析，发现在新兴国家中，较低的公司税是吸引PE最重要的手段。范柏乃等（2001）也认为，在我国，缺少税收优惠政策是阻碍我国私募股权基金发展的障碍之一。同时，研究表明，在PE最为发达的美国，PE数量的变化与税收也是高度相关的，因此，本书设立了三个题项测量税收对PE资金募集数量的影响：对“近三年来，PE相关税收”是“减少很多”、“减少一些”、“基本不变”、“增加一些”、“增加很多”分别赋予1、2、3、4、5分值。及“近三年来，政府对PE相关税收减免减少”、“近三年来，政府对PE相关税收补贴减少”，并以“非常不同意”、“不同意”、“不确定”、“同意”、“非常同意”来描述，分别赋予1、2、3、4、5分值。

## 四、政府对PE发展的政策支持

政府对PE发展的政策支持主要是通过以下两种途径：一是向PE发放政府补贴；二是对PE提供政策支持。政府对PE发展的直接补贴会正向激励民间资本流向PE，补贴包括两个层次：中央政府和地方政府。中央政府的补贴可能会对全国范围内的民间资本向PE的转化产生影响，但这种政策的出台往往要经过反复的讨论和研究，相比而言，地方政府的补贴政策往往出台迅速、反应及时。并且，在一个区域内，地方政府往往也会运用补贴政策，引导社会资本向优先发展的行业和地区流动，从而促进本地区经济的均衡发展。为测量政策补贴在资金募集阶段对民间资本转化为PE的影响，本书设立两个题项：“与其他投资相比，近三年来，国家对PE有补贴”和“与其他投资相比，近三年来，地方政府对PE有补贴”，以PE者的视角，观察近三年来政府对PE的补贴情况是“非常不同意”、“不同意”、“不确定”，还是“同意”、“非常同意”。

政府对PE发展的政策支持会影响民间资本向PE的转化形式及转化程度。

具体来讲，政府对PE的支持反映在中央政府和地方政府两个层面，并表现出两种形式：支持政策的增加和限制政策的减少。本书将政府对PE的政策支持分为两组来测量，一组是中央政府对PE的支持，包括“国家对PE发展的政策支持增加”和“国家对PE发展政策限制的减少”两个题项；另一组是地方政府对PE发展的支持，包括“地方政府对PE发展的政策支持增加”和“地方政府对PE发展政策限制的减少”两个题项，以“非常不同意”、“不同意”、“不确定”、“同意”、“非常同意”测量，并分别赋予1、2、3、4、5分值。

## 五、PE高管能力

PE高管能力是某一PE公司高管不同于其他PE公司高管的特殊能力和特征。这些能力和特征主要反映在五个方面：目标、价值取向、市场反应、运作和团队协作。为测量PE高管能力对资金募集的影响，本书设置了五组共19个题项来测量。在目标能力方面，本书设置了：与其他PE公司相比，您所在的公司高管和基金管理人“不满足现状”、“经常设置有挑战性的目标”、“不轻易放弃目标”三个题项，以“非常不同意”、“不同意”、“不确定”、“同意”、“非常同意”测量，并分别赋予1、2、3、4、5分值。在价值取向能力方面，本书设置了两个题项：公司高管和基金经理“有相同的价值取向”、“管理目标与公司经管目标一致”。以“非常不同意”、“不同意”、“不确定”、“同意”、“非常同意”测量，并分别赋予1、2、3、4、5分值；在市场反应能力方面，本书设置了五个题项：与其他PE公司相比，您所在的公司高管和基金管理人“经常主动从不同渠道收集市场信息”、“经常主动鉴别可利用的投资机会”、“能迅速察觉公司内部问题并主动解决”、“能较快察觉投资者的需求”、“面对环境变化，不断产生新的经营思路”，以“非常不同意”、“不同意”、“不确定”、“同意”、“非常同意”测量，并分别赋予1、2、3、4、5分值；在运作能力方面，设置了：与其他PE公司相比，您所在的公司高管和基金管理人“持续拓展资金募集渠道”、“改进基金运作模式”两个题项，以“非常不同意”、“不同意”、“不确定”、“同意”、“非常同意”测量，并分别赋予1、2、3、4、5分值；在团队协作能力方面，设置了七个题项来测量：公司高管和基金经理“在面对挑战时，能团结一致”、“每位高管和基金经理都有自己的特长”、“高管和基金经理的工作能力和经历能够互补”、“高管和基金经理掌握的专业知识和技能对投资运作不可或缺”、“在公司发展问题上，高管和基金经理能相互协商”、“在沟通协商时，高管和基金经理都能充分发表自己的观点”、“公司经常根据团队共商结果修订原投资方案”，以“非常不同意”、“不同意”、“不确定”、“同意”、“非常同意”测量，并分别赋予1、2、3、4、5分值。

# 第五节　中介变量

## 一、PE 组织适应力

PE 组织适应力是指 PE 公司综合运用掌握的资源通过内部沟通和外部协作对环境变化做出迅速反应的能力。PE 组织适应力既对 PE 资金的募集直接产生影响，同时又受到 PE 公司外部的因素——政府对 PE 的支持，及 PE 公司内部因素——PE 高管能力的影响，是中介变量。本书从以下六个方面对 PE 公司的组织适应能力进行测量：

一是 PE 公司制定发展目标的能力。这个方面，本书设置了两个题项来测量：与其他 PE 公司相比，“我们有清晰明确的发展目标”、“我们设法在综合实力上超同行”，以“非常不同意”、“不同意”、“不确定”、“同意”、“非常同意”测量，并分别赋予 1、2、3、4、5 分值。

二是 PE 公司制定和执行发展战略的能力。这个方面，本书设置了两个题项进行测量：“在确定战略方案前，我们能拟订多种备选方案”、“多数情况下，我们能及时制定战略决策”，以“非常不同意”、“不同意”、“不确定”、“同意”、“非常同意”测量，并分别赋予 1、2、3、4、5 分值。

三是综合运用资源的能力。这个方面，本书设置了两个题项来测量：“我们能有效配置本地、外地的资源”、“我们能快速重组内部资源”，以“非常不同意”、“不同意”、“不确定”、“同意”、“非常同意”测量，并分别赋予 1、2、3、4、5 分值。

四是内部沟通和反应的能力。这个方面本书设置了六个题项来测量：“我们公司内部能有效沟通”、“我们公司内部责任明晰，权力明确”、“我们每个部门都有业务水平较高的人员”、“我们能先于竞争者觉察环境的变化”、“我们能从市场中发现机会与威胁”、“我们有比较完善的管理信息系统”，以“非常不同意”、“不同意”、“不确定”、“同意”、“非常同意”测量，并分别赋予 1、2、3、4、5 分值。

五是外部协作的能力。这个方面，本书设置了五个题项进行测量：“我们与同行有广泛的合作”、“我们与行业协会保持经常的联系”、“我们经常参加业内的交流和活动”、“我们与潜在的有限合伙人有很广泛的联系”、“我们与主要有限合伙人保持经常的交流与合作”，以“非常不同意”、“不同意”、“不确定”、“同意”、“非常同意”测量，并分别赋予 1、2、3、4、5 分值。

六是决策的能力。针对这个方面，本书设置了三个题项进行测量："我们有投资选择的评估标准和制度"、"我们经常引进新的投资决策方法和思路"、"我们能准确选择新投资领域"，以"非常不同意"、"不同意"、"不确定"、"同意"、"非常同意"测量，并分别赋予1、2、3、4、5分值。

### 二、PE收益

PE收益指的是PE公司投资回报的情况，它包括两部分内容：收益率和投资失败率。前者是对PE公司投资整体收益的衡量，后者反映投资收益的风险程度。PE收益既直接影响PE资金的募集，同时又受到替代投资产品收益、政府对PE的支持等PE公司外部的因素及PE高管能力等内部因素的影响，是中介变量。本书从两个方面对PE收益进行测量：与其他PE公司相比，"近三年来我们的平均投资收益率较高"、"近三年来我们的平均投资失败率较低"，以"非常不同意"、"不同意"、"不确定"、"同意"、"非常同意"描述，并分别赋予1、2、3、4、5分值。

## 第六节　控制变量

控制变量可能对被解释变量（即PE募集资金中民间资本数量）产生影响，在资金募集阶段，对PE募集资金中民间资本数量产生影响的主要有PE公司规模、成立年数、所在区域、投资阶段等。对于PE公司来讲，企业规模的大小与其管理资产的规模大小直接相关，因此，本书以管理资产规模来区分企业规模。在调查问卷中，本书设置了"企业管理资产规模"选择题，设计了"5000万元以下"、"5000万～1亿元"、"1亿～5亿元"、"5亿～10亿元"、"10亿元以上"五个档次供被调查者选择。

PE公司成立时间越长，积累的投资经验越多，投资的成功率将大大提高，投资收益将增加，积累的人脉关系也越多，越容易募集到资金。本书设置了"公司成立时间"填空题，请被调查人据实填写。PE的发展水平因所在地区的经济发展水平不同而不同，同时，不同地区地方政府的支持政策和税收优惠也会对本地的PE的发展产生不同的作用。传统上，北京、上海和深圳是我国PE较发达的地区，凡是在这三个城市的PE机构的地区变量为1，否则为0。不同投资阶段的PE基金，其投资的行为特征也具有不同的特征，投资收益和风险也不同，为消除不同投资阶段的影响，研究在问卷设置了相关题项，以调查投资阶段控制变量。

## 第七节　本章小结

本章构建了PE资金募集阶段，影响民间资本转化为PE的结构方程概念模型，全社会民间资本总量、替代投资品的情况、税收、政府对PE发展的政策支持、PE高管能力、PE组织适应力、PE收益对PE募集资金中民间资本数量的多少产生直接的影响，其中，全社会民间资本总量、替代投资品的情况、税收、政府对PE发展的政策支持、PE高管能力、PE组织适应力又通过作用于PE收益，间接地对PE募集资金中民间资本数量产生影响；而政府对PE发展的政策支持、PE高管能力不但可以直接影响PE募集资金中民间资本数量，而且通过作用于PE组织适应力，对PE募集资金中民间资本数量产生影响。因此，全社会民间资本总量、替代投资品的情况、税收、政府对PE发展的政策支持、PE高管能力是解释变量，PE组织适应力和PE收益既是解释变量，又是中介变量，PE募集资金中民间资本数量则是被解释变量。PE公司规模、成立年数、所在区域、投资阶段为控制变量。本章提出的假设整理如下：

假设1.1：全社会民间资本总量的变化与PE募集资金中民间资本数量的变化正相关，全社会民间资本数量越多，PE募集资金中民间资本的数量也越多；反之，PE募集资金中民间资本的数量越少。

假设1.2：替代投资品收益的变化与PE募集资金中民间资本数量的变化负相关，替代投资品投资收益增加，PE募集资金中民间资本数量减少；反之，PE募集资金中民间资本数量增加。

假设1.3：替代投资品投资支持政策与PE募集资金中民间资本数量的变化负相关，替代投资品投资支持政策增加，PE募集资金中民间资本数量减少；反之，PE募集资金中民间资本数量增加。

假设1.4：PE相关税收与PE募集资金中民间资本数量的变化负相关，税收增加，PE募集资金中民间资本数量减少；反之，PE募集资金中民间资本数量增加。

假设1.5：政府对PE发展的支持政策与PE募集资金中民间资本数量的变化正相关，政府对PE发展的支持政策增加，PE募集资金中民间资本数量增加；反之，PE募集资金中民间资本数量减少。

假设1.6：PE高管能力与PE募集资金中民间资本数量的变化正相关，PE高管能力越强，PE募集资金中民间资本数量越多；反之，PE募集资金中民间资本数量越少。

假设1.7：PE组织适应力与PE募集资金中民间资本数量的变化正相关，PE组织适应力越强，PE募集资金中民间资本数量越多；反之，PE募集资金中民间资本数量越少。

假设1.8：PE收益与PE募集资金中民间资本数量正相关，PE收益越高，PE募集资金中民间资本数量越多；反之，PE募集资金中民间资本数量越少。

假设1.9：政府对PE发展的政策支持与PE组织适应力正相关，政府对PE发展的支持越强，PE组织适应力越强；反之，PE组织适应力越弱。

假设1.10：PE高管能力与PE组织适应力正相关，PE高管能力越强，PE组织适应力越强；反之，PE组织适应力越弱。

假设1.11：全社会民间资本总量与PE收益正相关，全社会民间资本总量越多，PE收益越高；反之，PE收益越低。

假设1.12：政府对PE发展的政策支持与PE收益正相关，政府对PE发展的政策支持程度越强，PE收益越高；反之，PE收益越低。

假设1.13：替代投资品收益与PE收益负相关，替代投资品相对收益越高，PE收益越低；反之，PE收益越高。

假设1.14：替代投资品投资支持政策与PE收益负相关，替代投资品投资支持政策增加，PE收益减少；反之，PE收益增加。

假设1.15：PE相关税收与PE收益负相关，税收增加，PE收益减少；反之，PE收益增加。

假设1.16：PE高管能力与PE收益正相关，PE高管能力越强，PE收益越高；反之，PE收益越低。

假设1.17：PE组织适应力与PE收益正相关，PE组织适应力越强，PE收益越高；反之，PE收益越低。

假设1.18：政府对PE发展的政策支持、PE高管能力通过对PE组织适应力的作用进而影响到PE募集资金中民间资本的数量。

假设1.19：政府对PE发展的政策支持、PE高管能力通过对PE收益的作用进而影响到PE募集资金中民间资本的数量。

# 第六章　募集阶段：民间资本转化为PE募集资金的实证结果

本章运用第四章提出的方法，对回收的问卷进行统计分析，以验证第五章提出的在PE资金募集阶段，影响民间资本参与PE资金募集的主要因素及相关的研究假设。本书采用SPSS 18.0和AMOS 17.0统计分析软件作为资料分析的工具，使用的统计方法主要有以下几种：①Cronbach's Coefficient α 信度分析，采用Cronbach's α（1951）系数检测量表的信度，并以Peterson（1994）所建议的0.7为信度标准；②因子分析（Factor Analysis），用来测量检验效度；③Pearson相关分析，用于测量两个变量之间的相关强度和方向；④结构方程模型（SEM），用来分析变量之间的相互作用。

## 第一节　样本基本情况

调查发出问卷814份，回收问卷363份，其中有效问卷282份。问卷回收率为44.6%，有效问卷率为34.6%。282份有效问卷的基本情况如表6-1至表6-3所示。

从表6-1中可以看出，除重振/危困阶段外，样本覆盖了其他各阶段。其中第一期最多，占全部样本的19%，设立期和第二期各占全部样本的13%，第三期、过桥、收购基金各占全部样本的17%、16%、16%。总体而言，样本分布较均衡。京、沪、深三地样本较多，占全部样本数的49%，其他地区占51%。全部样本中，具有民间资本背景的PE公司较多，占74%，非民间资本背景PE公司较少，占26%。PE公司成立时间三年以上的较多，占全部样本的87.6%，三年以下的占12.4%。

表6－1　样本基本情况统计表

| 样本特性 | 分类标准 | 样本数（个） | 百分比（%） | 累计百分比（%） |
|---|---|---|---|---|
| 投资阶段 | 种子期 | 15 | 6 | 6 |
| | 设立期 | 37 | 13 | 19 |
| | 第一期 | 53 | 19 | 38 |
| | 第二期 | 38 | 13 | 51 |
| | 第三期 | 48 | 17 | 68 |
| | 过桥/Pre－IPO | 45 | 16 | 84 |
| | 收购基金 | 46 | 16 | 100 |
| | 重振/危困基金 | 0 | 0 | 0 |
| 产权背景 | 民间资本背景 | 209 | 74 | 74 |
| | 非民间资本背景 | 73 | 26 | 100 |
| 注册地 | 京、沪、深 | 138 | 49 | 49 |
| | 非京、沪、深 | 144 | 51 | 100 |
| 成立年数 | 3年以下 | 35 | 12.4 | 12.4 |
| | 3～5年 | 83 | 29.4 | 41.8 |
| | 5～10年 | 97 | 34.4 | 76.2 |
| | 10年以上 | 67 | 23.8 | 100 |

表6－2　样本组织形式及管理资产情况

| 样本特性 | 分类标准 | 样本数（个） | 百分比（%） | 累计百分比（%） |
|---|---|---|---|---|
| 公司组织形式 | 股份有限 | 83 | 29 | 29 |
| | 有限责任 | 98 | 35 | 64 |
| | 有限合伙 | 93 | 33 | 97 |
| | 普通合伙 | 8 | 3 | 100 |
| 管理资产规模 | 5000万元以下 | 8 | 3 | 3 |
| | 5000万～1亿元 | 44 | 15.6 | 18.6 |
| | 1亿～5亿元 | 98 | 34.7 | 53.3 |
| | 5亿～10亿元 | 103 | 36.5 | 89.8 |
| | 10亿元以上 | 29 | 10.2 | 100 |
| 管理基金个数 | 10个以下 | 185 | 66 | 66 |
| | 10个以上 | 97 | 34 | 100 |

续表

| 样本特性 | 分类标准 | 样本数（个） | 百分比（%） | 累计百分比（%） |
|---|---|---|---|---|
| 管理基金平均规模 | 5000 万元以下 | 23 | 8.1 | 8.1 |
| | 5000 万～1 亿元 | 94 | 33.3 | 39.7 |
| | 1 亿～5 亿元 | 153 | 54.3 | 86.5 |
| | 5 亿～10 亿元 | 12 | 4.3 | 100 |

从表 6－2 中可以看出，有限责任、股份有限、有限合伙是样本 PE 公司的主要组织形式，占全部样本的 97%，而普通合伙较少，占样本的 3%，无个人独资公司。样本 PE 公司管理资产主要分布于 5000 万～10 亿元区间，占全部样本的 86.8%，管理资产 10 亿元以上的占 10.2%，管理资产 5000 万元以下的占全部样本的 3%。样本 PE 公司管理基金的个数 10 个以下的居多，占全部样本的 66%，超过 10 个的，占 34%。单个基金的平均规模集中于 5000 万～5 亿元之间，占全部样本的 87.6%，5000 万元以下的占 8.1%，5 亿元以上的占 4.3%。

**表 6－3　样本主要投资行业**

| 分类标准 | 样本数（个） | 百分比（%） | 累计百分比（%） |
|---|---|---|---|
| 互联网 | 73 | 25.9 | 25.9 |
| 电信及增值 | 54 | 19.1 | 45 |
| IT | 61 | 21.6 | 66.6 |
| 能源及矿业 | 12 | 4.2 | 70.8 |
| 制造业 | 3 | 1.1 | 71.9 |
| 化学工业 | 8 | 3 | 74.9 |
| 建筑建材 | 4 | 1.5 | 76.4 |
| 交通运输 | 3 | 1.1 | 77.5 |
| 汽车 | 1 | 0.3 | 77.8 |
| 农林牧渔 | 8 | 3 | 80.8 |
| 金融 | 9 | 3.1 | 83.9 |
| 医疗健康 | 6 | 2 | 85.9 |
| 连锁经营 | 0 | 0 | 0 |
| 食品饮料 | 2 | 0.7 | 86.6 |
| 文化传媒 | 3 | 1.1 | 87.7 |
| 教育及人力资源 | 2 | 0.7 | 88.4 |

续表

| 分类标准 | 样本数（个） | 百分比（%） | 累计百分比（%） |
|---|---|---|---|
| 旅游 | 1 | 0.3 | 88.7 |
| 房地产 | 1 | 0.3 | 89 |
| 公用事业 | 0 | 0 | 0 |
| 综合 | 31 | 11 | 100 |

从表6－3中可以看出，样本PE公司投资行业集中于互联网、电信及增值、IT、能源及矿业，占全部样本的70.8%，另外，投资多个行业的PE公司也较多，占全部样本的11%，连锁经营、公共事业无样本公司投资。

## 第二节　信度分析

本书采用内部信度作为检测问卷信度的工具，以Cronbach's α系数对问卷题目进行测量，得到信度测量结果，见表6－4。

**表6－4　问卷变量的Cronbach's α值**

| 变量 | Cronbach's α值 |
|---|---|
| 全社会民间资本总量 | 0.90 |
| 替代投资收益与投资限制变化 | 0.91 |
| 税收 | 0.81 |
| 政府对PE的政策支持 | 0.82 |
| PE高管能力 | 0.88 |
| PE组织适应力 | 0.83 |
| PE收益 | 0.87 |
| PE募集资金中民间资本数量 | 0.92 |

根据Guielford（1965）的研究观点，信度检验中的Cronbach's α值大于0.7说明信度很高，小于0.35说明信度较低，需删除。本书所有变量的Cronbach's α值均超过了0.7的最低标准，说明这些变量的测量是可信的。

## 第三节　效度分析

本书采用结构效度进行效度分析，使用 KMO（Kaiser – Meyer – Olkin Measure of Sampling Adequacy）和 Bartlett 球形检验测量变量之间的偏相关，判断进行因子分析的可行性。根据统计学观点，KMO 在 0.7 以上，适合做因子分析，本书 KMO 测试结果为 0.886，Bartlett 球形检验卡方值是 1993.446，P 值是 0，适合进行因子分析。具体测试结果如表 6 – 5 所示。

**表 6 – 5　KMO 和 Bartlett 球形检验**

| KMO | | 0.886 |
|---|---|---|
| Bartlett 球形检验 | Approx. Chi – Square | 1993.446 |
| | df. | 63 |
| | Sig. | 0.000 |

因子分析得出变量共同度（Communalities）最终结果，如表 6 – 6 所示。本书采用主成分分析法（Principal Component Analysis）提取变量的公因子方差。Initial 值是提取因子原始变量的公因子方差。Extraction 值是保留因子所能解释变量方差的比例。从表 6 – 6 中可以看出，本书八个主要变量的 Extraction 值都大于 0.8，表明本文研究所设计的调查问卷具有良好的结构效度，完全符合统计学要求。

**表 6 – 6　变量共同度（Communalities）检验**

| 变量 | Initial | Extraction |
|---|---|---|
| 全社会民间资本总量 | 1.000 | 0.901 |
| 替代投资收益与投资限制变化 | 1.000 | 0.873 |
| 税收 | 1.000 | 0.832 |
| 政府对 PE 的政策支持 | 1.000 | 0.806 |
| PE 高管能力 | 1.000 | 0.905 |
| PE 组织适应力 | 1.000 | 0.833 |
| PE 收益 | 1.000 | 0.875 |
| PE 募集资金中民间资本数量 | 1.000 | 0.914 |

# 第四节　相关性分析

为验证假设1.1～1.15，本节对三个方面的相关关系进行验证：一是被解释变量与解释变量之间的相关关系，即全社会民间资本总量、替代投资品的情况、税收、政府对PE发展的政策支持、PE高管能力、PE组织适应力、PE收益与PE募集资金中民间资本数量之间的相关关系；二是解释变量与中介变量之间的相关关系，即全社会民间资本总量、替代投资品的情况、税收、政府对PE发展的政策支持、PE高管能力与PE收益的相关关系，政府对PE的政策支持、PE高管能力与PE组织适应力的相关关系；三是中介变量之间的相关关系，即PE组织适应力与PE收益的相关关系。以SPSS 18.0统计分析软件为分析工具，以0.01显著性水平为标准，各假设的检验结果如下：

假设1.1：全社会民间资本总量的变化与PE募集资金中民间资本数量的变化正相关，全社会民间资本数量越多，PE募集资金中民间资本的数量也越多；反之，PE募集资金中民间资本数量越少。

假设1.1的Pearson相关分析（Correlations）结果见表6－7。表中分析结果显示全社会民间资本总量与PE募集资金中民间资本数量的相关系数是0.832，表明了全社会民间资本总量与PE募集资金中民间资本数量具有很强的正相关性，因此全社会民间资本总量的增加可以使PE募集资金中民间资本数量显著增加，这也充分肯定了本书从理论上所提出的全社会民间资本总量与PE募集资金中民间资本数量正相关假设。假设1.1得到验证。

**表6－7　全社会民间资本总量与PE募集资金中民间资本数量相关性分析**

| | | PE募集资金中民间资本数量 | 全社会民间资本总量 |
|---|---|---|---|
| PE募集资金中民间资本数量 | Pearson Correlation | 1 | 0.832（**） |
| | Sig.（2－tailed） | — | 0.000 |
| | N | 282 | 282 |
| 全社会民间资本总量 | Pearson Correlation | 0.832（**） | 1 |
| | Sig.（2－tailed） | 0.000 | — |
| | N | 282 | 282 |

注：**表示显著性水平小于0.01。

假设1.2：替代投资品收益的变化与PE募集资金中民间资本数量的变化负相关，替代投资品投资收益增加，PE募集资金中民间资本数量减少；反之，PE

募集资金中民间资本数量增加。

假设1.2的Pearson相关分析（Correlations）结果见表6-8。表中结果显示替代投资品收益与PE募集资金中民间资本数量的相关系数是-0.819，表明了替代投资品收益与PE募集资金中民间资本数量具有很强的负相关性，因此替代投资品收益的增加，会带来PE募集资金中民间资本数量显著减少，假设1.2得到验证。

**表6-8 替代投资品收益与PE募集资金中民间资本数量的相关分析**

| | | PE募集资金中民间资本数量 | 替代投资品收益 |
|---|---|---|---|
| PE募集资金中民间资本数量 | Pearson Correlation | 1 | -0.819（**） |
| | Sig.（2-tailed） | — | 0.000 |
| | N | 282 | 282 |
| 替代投资品收益 | Pearson Correlation | -0.819（**） | 1 |
| | Sig.（2-tailed） | 0.000 | — |
| | N | 282 | 282 |

注：** 表示显著性水平小于0.01。

假设1.3：替代投资品投资支持政策与PE募集资金中民间资本数量的变化负相关，替代投资品投资支持政策增加，PE募集资金中民间资本数量减少；反之，PE募集资金中民间资本数量增加。

假设1.3的Pearson相关分析（Correlations）结果见表6-9。表中结果显示替代品投资支持政策与PE募集资金中民间资本数量的相关系数是-0.901，表明了替代品投资支持政策与PE募集资金中民间资本数量具有很强的负相关性，因此替代投资品支持政策的增加，会带来同期PE募集资金中民间资本数量显著减少，替代投资品支持政策的减少，会导致同期PE募集资金中民间资本数量显著增加。假设1.3得到验证。

**表6-9 替代投资品投资支持政策与PE募集资金中民间资本数量的相关分析**

| | | PE募集资金中民间资本数量 | 替代投资品投资支持政策 |
|---|---|---|---|
| PE募集资金中民间资本数量 | Pearson Correlation | 1 | -0.901（**） |
| | Sig.（2-tailed） | — | 0.000 |
| | N | 282 | 282 |
| 替代投资品投资支持政策 | Pearson Correlation | -0.901（**） | 1 |
| | Sig.（2-tailed） | 0.000 | — |
| | N | 282 | 282 |

注：** 表示显著性水平小于0.01。

假设1.4：PE相关税收与PE募集资金中民间资本数量的变化负相关，税收增加，PE募集资金中民间资本数量减少；反之，PE募集资金中民间资本数量增加。

假设1.4的Pearson相关分析（Correlations）结果见表6－10。表中分析结果显示PE相关税收与PE募集资金中民间资本数量的相关系数是－0.897，表明了PE相关税收与PE募集资金中民间资本数量具有很强的负相关性，因此提高PE相关税收，可以使PE募集资金中民间资本数量显著减少。假设1.4得到验证。

**表6－10　PE相关税收与PE募集资金中民间资本数量的相关分析**

| | | PE募集资金中民间资本数量 | 税收 |
|---|---|---|---|
| PE募集资金中民间资本数量 | Pearson Correlation | 1 | －0.897（**） |
| | Sig.（2－tailed） | — | 0.000 |
| | N | 282 | 282 |
| 税收 | Pearson Correlation | －0.897（**） | 1 |
| | Sig.（2－tailed） | 0.000 | — |
| | N | 282 | 282 |

注：**表示显著性水平小于0.01。

假设1.5：政府对PE发展的支持政策与PE募集资金中民间资本数量的变化正相关，政府对PE发展的支持政策增加，PE募集资金中民间资本数量增加；反之，PE募集资金中民间资本数量减少。

假设1.5的Pearson相关分析（Correlations）结果见表6－11。表中结果显示政府对PE发展的支持政策与PE募集资金中民间资本数量的相关系数是0.911，表明了政府对PE发展的支持政策与PE募集资金中民间资本数量具有很强的正相关性，因此政府对PE发展的支持政策增加，可以带来PE募集资金中民间资本数量的显著增加。假设1.5得到验证。

**表6－11　政府对PE发展的支持政策与PE募集资金中民间资本数量的相关分析**

| | | PE募集资金中民间资本数量 | 政府对PE发展的支持政策 |
|---|---|---|---|
| PE募集资金中民间资本数量 | Pearson Correlation | 1 | 0.911（**） |
| | Sig.（2－tailed） | — | 0.000 |
| | N | 282 | 282 |
| 政府对PE发展的支持政策 | Pearson Correlation | 0.911（**） | 1 |

续表

| | | PE 募集资金中民间资本数量 | 政府对 PE 发展的支持政策 |
|---|---|---|---|
| | Sig. (2 - tailed) | 0.000 | — |
| | N | 282 | 282 |

注：** 表示显著性水平小于 0.01。

假设 1.6：PE 高管能力与 PE 募集资金中民间资本数量的变化正相关，PC 高管能力越强，PE 募集资金中民间资本数量越多；反之，PE 募集资金中民间资本数量越少。

假设 1.6 的 Pearson 相关分析（Correlations）结果见表 6 - 12。表中结果显示 PE 高管能力与 PE 募集资金中民间资本数量的相关系数是 0.904，表明了 PE 高管能力与 PE 募集资金中民间资本数量具有很强的正相关性，因此 PE 高管能力越强，PE 募集资金中民间资本数量越多。假设 1.6 得到验证。

**表 6 - 12　PE 高管能力与 PE 募集资金中民间资本数量的相关分析**

| | | PE 募集资金中民间资本数量 | PE 高管能力 |
|---|---|---|---|
| PE 募集资金中民间资本数量 | Pearson Correlation | 1 | 0.904 (**) |
| | Sig. (2 - tailed) | — | 0.000 |
| | N | 282 | 282 |
| PE 高管能力 | Pearson Correlation | 0.904 (**) | 1 |
| | Sig. (2 - tailed) | 0.000 | — |
| | N | 282 | 282 |

注：** 表示显著性水平小于 0.01。

假设 1.7：PE 组织适应力与 PE 募集资金中民间资本数量的变化正相关，PE 组织适应力越强，PE 募集资金中民间资本数量越多；反之，PE 募集资金中民间资本数量越少。

假设 1.7 的 Pearson 相关分析（Correlations）结果见表 6 - 13。表中结果显示 PE 组织适应力与 PE 募集资金中民间资本数量的相关系数是 0.891，表明了 PE 组织适应力与 PE 募集资金中民间资本数量具有很强的正相关性，因此提高 PE 组织适应力可以带来 PE 募集资金中民间资本数量的显著提升。假设 1.7 得到验证。

表6-13　PE组织适应力与PE募集资金中民间资本数量的相关分析

| | | PE募集资金中民间资本数量 | PE组织适应力 |
|---|---|---|---|
| PE募集资金中民间资本数量 | Pearson Correlation | 1 | 0.891（**） |
| | Sig.（2-tailed） | — | 0.000 |
| | N | 282 | 282 |
| PE组织适应力 | Pearson Correlation | 0.891（**） | 1 |
| | Sig.（2-tailed） | 0.000 | — |
| | N | 282 | 282 |

注：** 表示显著性水平小于0.01。

假设1.8：PE收益与PE募集资金中民间资本数量正相关，PE收益越高，PE募集资金中民间资本数量越多；反之，PE募集资金中民间资本数量越少。

假设1.8的Pearson相关分析（Correlations）结果见表6-14。表中结果显示PE收益与PE募集资金中民间资本数量的相关系数是0.861，表明了PE收益与PE募集资金中民间资本数量具有很强的正相关性，因此提高PE收益可以带来PE募集资金中民间资本数量的显著提升。假设1.8得到验证。

表6-14　PE收益与PE募集资金中民间资本数量的相关分析

| | | PE募集资金中民间资本数量 | PE收益 |
|---|---|---|---|
| PE募集资金中民间资本数量 | Pearson Correlation | 1 | 0.861（**） |
| | Sig.（2-tailed） | — | 0.000 |
| | N | 282 | 282 |
| PE收益 | Pearson Correlation | 0.861（**） | 1 |
| | Sig.（2-tailed） | 0.000 | — |
| | N | 282 | 282 |

注：** 表示显著性水平小于0.01。

假设1.9：政府对PE发展的政策支持与PE组织适应力正相关，政府对PE发展的支持越强，PE组织适应力越强；反之，PE组织适应力越弱。

假设1.9的Pearson相关分析（Correlations）结果见表6-15，表中结果显示政府对PE发展的政策支持与PE组织适应力的相关系数是0.783，表明了政府对PE发展的政策支持与PE组织适应力显著正相关，因此政府对PE发展的政策支持增加，对PE组织适应力的提升有显著影响。假设1.9得到验证。

**表 6-15 政府对 PE 发展的政策支持与 PE 组织适应力的相关分析**

| | | PE 组织适应力 | 政府对 PE 发展的政策支持 |
|---|---|---|---|
| PE 组织适应力 | Pearson Correlation | 1 | 0.783（**） |
| | Sig.（2-tailed） | — | 0.000 |
| | N | 282 | 282 |
| 政府对 PE 发展的政策支持 | Pearson Correlation | 0.783（**） | 1 |
| | Sig.（2-tailed） | 0.000 | — |
| | N | 282 | 282 |

注：** 表示显著性水平小于 0.01。

假设 1.10：PE 高管能力与 PE 组织适应力正相关，PE 高管能力越强，PE 组织适应力越强；反之，PE 组织适应力越弱。

假设 1.10 的 Pearson 相关分析（Correlations）结果见表 6-16。表中结果显示 PE 高管能力与 PE 组织适应力的相关系数是 0.841，表明了 PE 高管能力与 PE 组织适应力具有很强的正相关性，PE 高管能力越强，PE 组织适应力越强。假设 1.10 得到验证。

**表 6-16 PE 高管能力与 PE 组织适应力的相关分析**

| | | PE 组织适应力 | PE 高管能力 |
|---|---|---|---|
| PE 组织适应力 | Pearson Correlation | 1 | 0.841（**） |
| | Sig.（2-tailed） | — | 0.000 |
| | N | 282 | 282 |
| PE 高管能力 | Pearson Correlation | 0.841（**） | 1 |
| | Sig.（2-tailed） | 0.000 | — |
| | N | 282 | 282 |

注：** 表示显著性水平小于 0.01。

假设 1.11：全社会民间资本总量与 PE 收益正相关，全社会民间资本总量越多，PE 收益越高；反之，PE 收益越低。

假设 1.11 的 Pearson 相关分析（Correlations）结果见表 6-17。表中结果显示全社会民间资本总量与 PE 收益的相关系数是 -0.007，显著性为 0.893，表明全社会民间资本总量与 PE 无显著相关关系，全社会民间资本总量的增加，与 PE 收益变化无关。拒绝假设 1.11。

表6－17 全社会民间资本总量与PE收益的相关分析

| | | PE收益 | 民间资本总量 |
|---|---|---|---|
| PE收益 | Pearson Correlation | 1 | －0.007 |
| | Sig.（2－tailed） | — | 0.893 |
| | N | 282 | 282 |
| 民间资本总量 | Pearson Correlation | －0.007 | 1 |
| | Sig.（2－tailed） | 0.893 | — |
| | N | 282 | 282 |

假设1.12：政府对PE发展的政策支持与PE收益正相关，政府对PE发展的政策支持程度越强，PE收益越高；反之，PE收益越低。

假设1.12的Pearson相关分析（Correlations）结果见表6－18。表中结果显示，政府对PE发展的政策支持与PE收益的相关系数是0.812，表明政府对PE发展的政策支持与PE显著正相关，政府对PE发展的政策支持的增强，会提高PE收益。假设1.12通过验证。

表6－18 政府对PE发展的政策支持与PE收益的相关分析

| | | PE收益 | 政府对PE发展的政策支持 |
|---|---|---|---|
| PE收益 | Pearson Correlation | 1 | 0.812（**） |
| | Sig.（2－tailed） | — | 0.000 |
| | N | 282 | 282 |
| 政府对PE发展的政策支持 | Pearson Correlation | 0.812（**） | 1 |
| | Sig.（2－tailed） | 0.000 | — |
| | N | 282 | 282 |

注：** 表示显著性水平小于0.01。

假设1.13：替代投资品收益与PE收益负相关，替代投资品相对收益越高，PE收益越低；反之，PE收益越高。

假设1.13的Pearson相关分析（Correlations）结果见表6－19。表中结果显示替代投资品收益与PE收益的相关系数是－0.013，显著性为0.821，远大于设定值0.01，表明了替代投资品收益与PE收益不相关，替代投资品收益的增减，对PE收益无显著影响。拒绝假设1.13。

**表 6-19　替代投资品收益与 PE 收益的相关分析**

| | | PE 收益 | 替代投资品收益 |
|---|---|---|---|
| PE 收益 | Pearson Correlation | 1 | -0.013 |
| | Sig. (2-tailed) | — | 0.821 |
| | N | 282 | 282 |
| 替代投资品收益 | Pearson Correlation | -0.013 | 1 |
| | Sig. (2-tailed) | 0.821 | — |
| | N | 282 | 282 |

假设 1.14：替代品投资支持政策与 PE 收益负相关，替代品投资支持政策增加，PE 公司投资收益减少；反之，PE 收益增加。

假设 1.14 的 Pearson 相关分析（Correlations）结果见表 6-20。表中结果显示替代品投资支持政策与 PE 收益的相关系数是 -0.079，显著性是 0.796，远大于设定值 0.01。表明替代品投资支持政策与 PE 收益不相关，替代投资品投资支持政策变化，PE 收益无显著变化。拒绝假设 1.14。

**表 6-20　替代投资品投资支持政策与 PE 收益的相关分析**

| | | PE 收益 | 替代投资品投资支持政策 |
|---|---|---|---|
| PE 收益 | Pearson Correlation | 1 | -0.079 |
| | Sig. (2-tailed) | — | 0.796 |
| | N | 282 | 282 |
| 替代投资品投资支持政策 | Pearson Correlation | -0.079 | 1 |
| | Sig. (2-tailed) | 0.796 | — |
| | N | 282 | 282 |

假设 1.15：PE 相关税收与 PE 收益负相关，税收增加，PE 收益减少；反之，PE 收益增加。

假设 1.15 的 Pearson 相关分析（Correlations）结果见表 6-21。表中结果显示 PE 相关税收与 PE 收益的相关系数是 -0.236，显著性为 0.543，表明了 PE 相关税收与 PE 收益不具相关性。拒绝假设 1.15。

**表 6-21　PE 相关税收与 PE 收益的相关分析**

| | | PE 收益 | 税收 |
|---|---|---|---|
| PE 收益 | Pearson Correlation | 1 | -0.236 |

续表

| | | PE收益 | 税收 |
|---|---|---|---|
| | Sig.（2-tailed） | — | 0.543 |
| | N | 282 | 282 |
| 税收 | Pearson Correlation | -0.236 | 1 |
| | Sig.（2-tailed） | 0.543 | — |
| | N | 282 | 282 |

假设1.16：PE高管能力与PE收益正相关，PE高管能力越强，PE收益越高；反之，PE收益越低。

假设1.16的Pearson相关分析（Correlations）结果见表6-22。表中结果显示PE高管能力与PE收益的相关系数是0.896，表明了PE高管能力与PE收益具有很强的正相关性，PE高管能力越强，PE收益越高。假设1.16得到验证。

**表6-22 PE高管能力与PE收益的相关分析**

| | | PE收益 | PE高管能力 |
|---|---|---|---|
| PE收益 | Pearson Correlation | 1 | 0.896（**） |
| | Sig.（2-tailed） | — | 0.000 |
| | N | 282 | 282 |
| PE高管能力 | Pearson Correlation | 0.896（**） | 1 |
| | Sig.（2-tailed） | 0.000 | — |
| | N | 282 | 282 |

注：** 表示显著性水平小于0.01。

假设1.17：PE组织适应力与PE收益正相关，PE组织适应力越强，PE收益越高；反之，PE收益越低。

假设1.17的Pearson相关分析（Correlations）结果见表6-23。表中结果显示PE组织适应力与PE收益的相关系数是0.844，表明了PE组织适应力与PE收益具有很强的正相关性，PE组织适应力越强，PE收益越高。假设1.17得到验证。

**表6-23 PE组织适应力与PE收益的相关分析**

| | | PE收益 | 组织适应力 |
|---|---|---|---|
| PE收益 | Pearson Correlation | 1 | 0.844（**） |

续表

| | | PE 收益 | 组织适应力 |
|---|---|---|---|
| | Sig.（2-tailed） | — | 0.000 |
| | N | 282 | 282 |
| 组织适应力 | Pearson Correlation | 0.844（**） | 1 |
| | Sig.（2-tailed） | 0.000 | — |
| | N | 282 | 282 |

注：** 表示显著性水平小于0.01。

## 第五节　多元线性回归分析

本节通过多元线性回归对假设1.1~1.17中已经通过相关性分析的假设1.1~1.10、假设1.12、假设1.16、假设1.17进行进一步的分析。表6-24至表6-27为假设1.1~1.10、假设1.12、假设1.16、假设1.17的各种回归模型的运算结果。

### 一、解释变量、中介变量与被解释变量之间的关系

关于解释变量与PE募集资金中民间资本数量之间关系的验证，从表6-24中模型1至模型7的回归结果可以看出，民间资本总量、替代投资品的情况、税收、政府对PE发展的政策支持、PE高管能力、PE组织适应力、PE收益对PE募集资金中民间资本数量的水平具有显著的影响，在模型7中回归系数β分别为0.123、-0.094、-0.072、0.087、0.103、0.112、0.117，p值分布在0.05和0.01之间。其中，只有税收、政府对PE发展的政策支持的显著性水平为0.05，其他各解释变量对PE募集资金中民间资本的数量的显著性均在0.01的水平。因此，假设1.1~1.8得到了验证。具体来讲，全社会民间资本总量的增加，可以显著增加PE募集资金中民间资本的数量；替代投资品收益与投资支持政策的增强，可以显著减少PE募集资金中民间资本的数量；PE相关税收的降低，可以显著增加PE募集资金中民间资本的数量；政府对PE发展的政策支持增加，可以显著增加PE募集资金中民间资本的数量；PE高管能力的提高，可以显著增加PE募集资金中民间资本的数量；PE组织适应力越强，PE募集资金中民间资本的数量越多；PE收益越高，PE募集资金中民间资本的数量越多。假设1.1~1.8得到验证。

6－24　解释变量与PE募集资金中民间资本数量的回归结果

| 变量 | 模型1 | 模型2 | 模型3 | 模型4 | 模型5 | 模型6 | 模型7 |
|---|---|---|---|---|---|---|---|
| 全社会民间资本总量 | 0.231** | 0.211** | 0.203** | 0.173** | 0.151** | 0.133** | 0.123** |
| 替代投资品收益与投资支持政策变化 | | −0.244** | −0.214** | −0.164** | −0.131** | −0.112** | −0.094** |
| 税收 | | | −0.204* | −0.157* | −0.135* | −0.091* | −0.072* |
| 政府对PE发展的政策支持 | | | | 0.163* | 0.129* | 0.107* | 0.087* |
| PE高管能力 | | | | | 0.134** | 0.125** | 0.103** |
| PE组织适应力 | | | | | | 0.129** | 0.112** |
| PE收益 | | | | | | | 0.117** |
| 管理资金规模 | 0.102** | 0.096** | 0.083** | 0.072** | 0.051** | 0.043** | 0.031** |
| 企业成立年数 | −0.111 | −0.151 | −0.121 | −0.124 | −0.122 | −0.119 | −0.116 |
| 企业所在区域 | 0.101 | 0.091 | −0.087 | −0.085 | −0.078 | −0.061 | −0.011 |
| 投资阶段 | 0.121 | 0.078 | 0.064 | 0.051 | 0.046 | 0.037 | 0.017 |
| $R^2$ | 0.308 | 0.333 | 0.365 | 0.371 | 0.383 | 0.385 | 0.389 |
| 调整$R^2$ | 0.243 | 0.335 | 0.354 | 0.357 | 0.361 | 0.371 | 0.373 |
| F | 12.983** | 12.868** | 12.736** | 12.543** | 12.312** | 12.132** | 12.112** |

注：**表示在$p<0.01$水平下显著；*表示在$p<0.05$水平下显著。

## 二、解释变量与中介变量之间的关系

关于解释变量与中介变量之间的关系，从表6－25和表6－26的回归结果得到验证。表6－25中模型2的回归结果显示，政府对PE发展的政策支持、PE高管能力对PE组织适应力的提升具有显著的作用，在模型2中两者的回归系数β分别为0.178和0.247，p值分别为0.05和0.01。因此，假设1.9和假设1.10得到验证，改善PE政策环境，提高PE的高管能力，对PE组织适应力有显著提升。

6－25　政府对PE发展的政策支持、PE高管能力与PE组织适应力的回归结果

| 变量 | 模型1 | 模型2 |
|---|---|---|
| 政府对PE发展的政策支持 | 0.257* | 0.178* |
| PE高管能力 | | 0.247** |
| 管理资金规模 | 0.143** | 0.126** |
| 企业成立年数 | −0.138 | −0.133 |

续表

| 变量 | 模型 1 | 模型 2 |
| --- | --- | --- |
| 企业所在区域 | -0.121 | -0.118 |
| 投资阶段 | 0.053 | 0.024 |
| $R^2$ | 0.379 | 0.335 |
| 调整 $R^2$ | 0.358 | 0.331 |
| F | 12.389** | 12.257** |

注：** 表示在 $p<0.01$ 水平下显著；* 表示在 $p<0.05$ 水平下显著。

解释变量政府对 PE 发展的政策支持、PE 高管的能力、PE 组织适应力对 PE 收益的影响从表 6-26 的回归结果可以得到验证。表 6-26 显示，政府对 PE 发展的政策支持会显著影响 PE 收益，在模型 4 中，其回归系数 β 为 0.198，p 值为 0.05；PE 高管能力对 PE 公司的投资收益具有显著的正面影响，在模型 4 中，其回归系数 β 为 0.143，p 值为 0.01；PE 组织适应力与 PE 收益有显著的促进作用，在模型 4 中，其回归系数 β 为 0.121，P 值为 0.01。假设 1.12、假设 1.16、假设 1.17 得到验证。

**6-26　解释变量与 PE 收益的回归结果**

| 变量 | 模型 1 | 模型 2 | 模型 3 | 模型 4 |
| --- | --- | --- | --- | --- |
| 政府对 PE 发展的政策支持 | 0.263* | 0.239* | 0.210* | 0.198* |
| PE 高管能力 | | 0.174** | 0.165** | 0.143** |
| PE 组织适应力 | | | 0.149** | 0.121** |
| 管理资金规模 | 0.151* | 0.132* | 0.115* | 0.101* |
| 企业成立年数 | -0.120 | -0.112 | -0.110 | -0.103 |
| 企业所在区域 | -0.119 | -0.108 | -0.101 | -0.093 |
| 投资阶段 | 0.056 | 0.043 | 0.036 | 0.019 |
| $R^2$ | 0.361 | 0.369 | 0.373 | 0.381 |
| 调整 $R^2$ | 0.351 | 0.359 | 0.365 | 0.370 |
| F | 12.643** | 12.534** | 12.321** | 12.159** |

注：** 表示在 $p<0.01$ 水平下显著；* 表示在 $p<0.05$ 水平下显著。

实证研究结果，支持了第五章提出的假设 1.1~1.10、假设 1.12、假设 1.16、假设 1.17；拒绝了假设 1.11、假设 1.13、假设 1.14、假设 1.15，下一节对假设 1.18、假设 1.19 进行检验。

## 第六节　结构方程模型分析

本节在相关分析和多元线性回归分析的基础上，运用结构方程验证假设 1. 18 和假设 1. 19。

假设 1. 18：政府对 PE 发展的政策支持、高管能力通过对 PE 组织适应力的作用进而影响到 PE 募集资金中民间资本的数量。

根据前文分析，提出假设 1. 18 的检验模型，如图 6 – 1 所示。

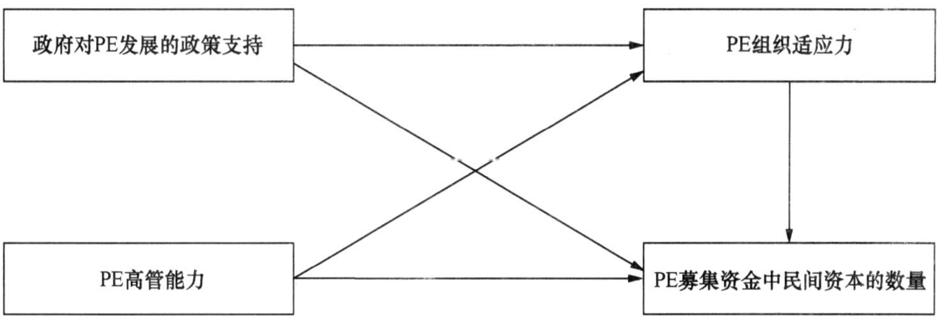


**图 6 – 1　假设 1. 18 的结构方程模型**

在图 6 – 1 所示的结构方程模型中，政府对 PE 发展的政策支持和 PE 高管能力都是外源变量（Exogenous Varibles），起到自变量的作用；而 PE 组织适应力和 PE 募集资金中民间资本的数量是内生变量（Endogenous Varibles），受到自变量和其他内生变量的作用影响。对以上模型用 Amos 17. 0 分析的结果如图 6 – 2 所示。

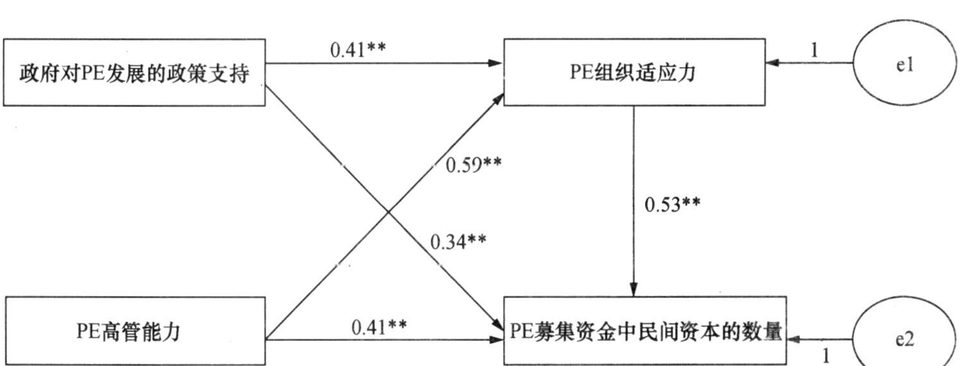


**图 6 – 2　假设 1. 18 结构方程模型的分析结果（** p < 0. 01）**

图6－2中单向箭头上的系数是标准化系数，代表了原因变量对结果变量的作用大小。小圆内e1、e2分别反映了未被方程所列示的内生变量解释的内生变量的剩余方差，也称为误差方差，是无法测量的潜变量。分析结果显示，政府对PE发展的政策支持、PE高管能力和PE组织适应力三个因素对PE募集资金中民间资本的数量均有显著的直接影响，而且政府对PE发展的政策支持、PE高管能力还通过作用于PE组织适应力而间接影响PE募集资金中民间资本的数量。PE高管能力对PE组织适应力的影响最大，其标准化系数为0.59；其次为政府对PE发展的政策支持，标准化系数为0.41。

对于该模型拟合评价主要运用GFI（拟合优度指数）、AGFI（调整的拟合优度指数）、NFI（规范拟合指数）、CFI（比较拟合指数）以及RMSEA（近似误差的均方根）等通用标准来衡量，分析结果如表6－27所示。

**表6－27　假设5.18结构方程模型拟合结果**

| 拟合优度指标 | $\chi^2$ | $df$ | $\chi^2/df$ | GFI | AGFI | NFI | CFI | RMSEA |
|---|---|---|---|---|---|---|---|---|
| 衡量标准 | | | <3 | >0.90 | >0.80 | >0.90 | >0.90 | <0.08 |
| 模型指标 | 1289.39 | 543 | 2.374 | 0.912 | 0.938 | 0.903 | 0.907 | 0.041 |

从表6－27的拟合结果可以看出，上述主要拟合优度指标均符合标准，从而表明假设1.18结构方程模型的拟合是良好的。假设1.18得到验证。

假设1.19：政府对PE发展的政策支持、PE高管能力通过对PE收益的作用进而影响到PE募集资金中民间资本的数量。

依据前文理论分析和实证分析结果，提出假设1.19的检验模型，如图6－3所示。

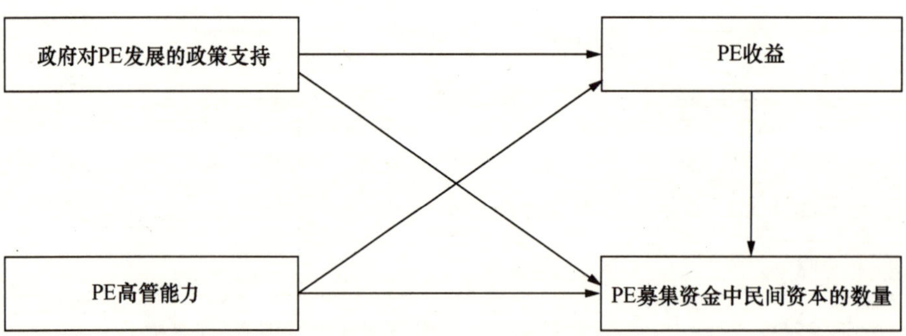


**图6－3　假设1.19的结构方程模型**

在图 6－3 所示的结构方程模型中，政府对 PE 发展的政策支持和 PE 高管能力是外源变量，PE 收益和 PE 募集资金中民间资本的数量是内生变量。对以上模型用 AMOS 17.0 分析的结果如图 6－4 所示。

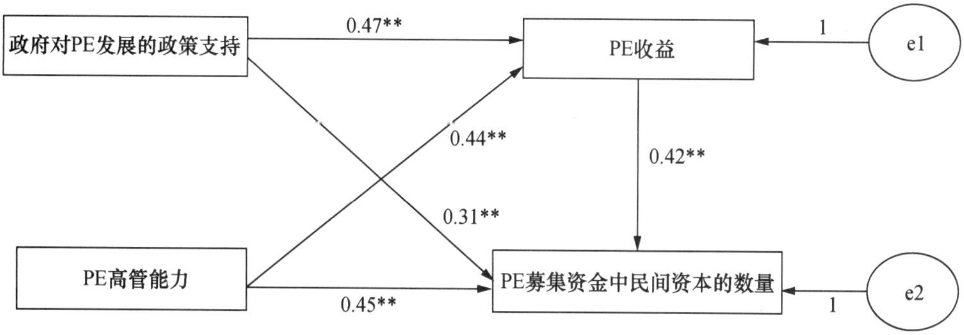


**图 6－4　假设 1.19 结构方程模型的分析结果（ ** p<0.01）**

图 6－4 分析结果显示，政府对 PE 发展的政策支持、PE 高管能力和 PE 收益三个因素对 PE 募集资金中民间资本的数量均有显著的直接影响，政府对 PE 发展的政策支持、PE 高管能力还通过作用于 PE 收益而间接影响 PE 募集资金中民间资本的数量。政府对 PE 发展的政策支持对 PE 收益的影响较大，其标准化系数为 0.47；PE 高管能力对 PE 收益影响的标准化系数为 0.44。模型拟合评价结果如表 6－28 所示。

**表 6　28　假设 1.19 结构方程模型拟合结果**

| 拟合优度指标 | $\chi^2$ | $df$ | $\chi^2/df$ | GFI | AGFI | NFI | CFI | RMSEA |
|---|---|---|---|---|---|---|---|---|
| 衡量标准 | | | <3 | >0.90 | >0.80 | >0.90 | >0.90 | <0.08 |
| 模型指标 | 1247.31 | 572 | 2.180 | 0.916 | 0.943 | 0.901 | 0.919 | 0.047 |

从表 6－28 的拟合结果可以看出，上述主要拟合优度指标均符合标准，从而表明假设 1.19 结构方程模型的拟合是良好的。假设 1.19 得到验证。

至此，第五章所提出的全部假设都得到了证实。对于第五章提出的概念模型 4，即全部变量之间关系的概念模型，运用 AMOS 17.0 软件进行了分析，得到了结构方程拟合模型及参数，简化的模型拟合分析结果见图 6－5。

图 6－5 分析结果显示，全社会民间资本总量、替代投资品情况、税收、政府对 PE 发展的政策支持、PE 高管能力、PE 组织适应力、PE 投资收益对 PE 募集

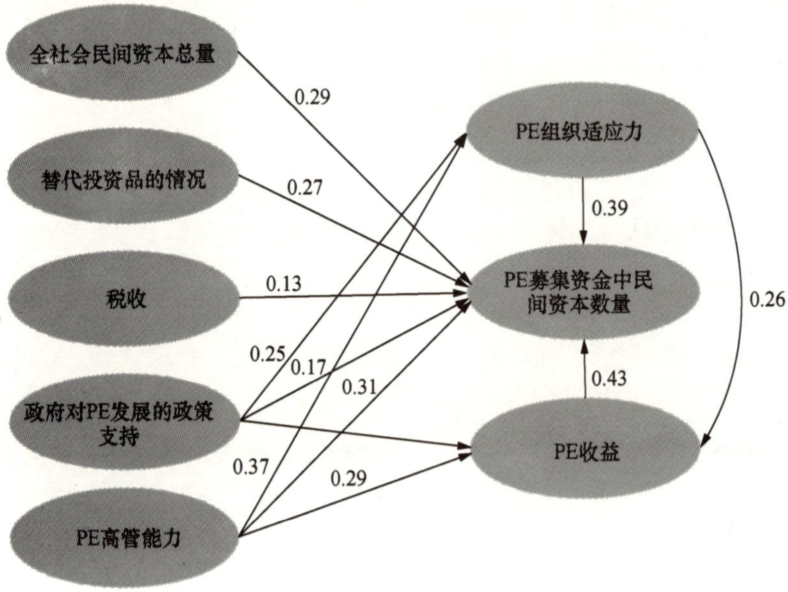


**图 6-5　简化的结构方程拟合模型**

资金中民间资本数量均有显著的直接影响，政府对 PE 发展的政策支持、PE 高管能力还通过作用于 PE 组织适应力、PE 投资收益而间接影响 PE 募集资金中民间资本数量。结构方程模型拟合的评价结果如表 6-29 所示。

**表 6-29　结构方程模型拟合结果**

| 拟合优度指标 | $\chi^2$ | $df$ | $\chi^2/df$ | GFI | AGFI | NFI | CFI | RMSEA |
|---|---|---|---|---|---|---|---|---|
| 衡量标准 | | | <3 | >0.90 | >0.80 | >0.90 | >0.90 | <0.08 |
| 模型指标 | 1451.43 | 793 | 1.830 | 0.911 | 0.937 | 0.905 | 0.909 | 0.058 |

由图 6-5 及表 6-29 知，结构方程模型的拟合较好。

## 第七节　实证结果讨论

本章运用第四章提出的研究方法，对第五章提出的概念模型、假设和变量进行了实证检验。实证结果表明，本书提出的在资金募集阶段，影响民间资本向 PE 转化的七个影响因素——“全社会民间资本总量”、“替代投资品收益与投资支持政策变化”、“税收”、“政府对PE发展的政策支持”、“PE高管能力”、“PE组织适应力”、“PE收益”及被解释变量“PE募集资金中民间资本的数量”通过了信度和效度检验，作为解释变量和被解释变量是可靠的。

进一步的相关性分析结果显示，全社会民间资本总量的变化与PE募集资金中民间资本数量的变化正相关，全社会民间资本数量越多，PE募集资金中民间资本的数量也越多，反之，PE募集资金中民间资本的数量越少；替代投资品收益的变化与同期PE募集资金中民间资本数量的变化负相关，替代投资品投资收益增加，PE募集资金中民间资本数量减少，反之，PE募集资金中民间资本数量增加；替代投资品投资支持政策与PE募集资金中民间资本数量的变化负相关，替代投资品投资支持政策增加，PE募集资金中民间资本数量减少，反之，PE募集资金中民间资本数量增加；PE相关税收与PE募集资金中民间资本数量的变化负相关，税收增加，PE募集资金中民间资本数量减少，反之，PE募集资金中民间资本数量增加；政府对PE发展的政策支持与PE募集资金中民间资本数量的变化正相关，政府对PE发展的政策支持增加，PE募集资金中民间资本数量增加，反之，PE募集资金中民间资本数量减少；PE高管能力与PE募集资金中民间资本数量的变化正相关，高管能力越强，PE募集资金中民间资本数量越多，反之，PE募集资金中民间资本数量越少；PE组织适应力与PE募集资金中民间资本数量的变化正相关，PE组织适应力越强，PE募集资金中民间资本数量越多，反之，PE募集资金中民间资本数量越少；PE收益与PE募集资金中民间资本数量正相关，PE收益越高，PE募集资金中民间资本数量越多，反之，PE募集资金中民间资本数量越少。第五章提出的关于解释变量和被解释变量之间的假设1.1～1.8得到了验证和支持。

对于解释变量与中介变量之间关系的假设，经相关性分析显示：政府对PE发展的政策支持与PE组织适应力正相关，政府对PE发展的支持越强，PE组织适应力越强，反之，PE组织适应力越弱；PE高管能力与PE组织适应力正相关，PE高管能力越强，PE组织适应力越强，反之，PE组织适应力越弱；政府对PE发展的政策支持与PE收益正相关，政府对PE发展的政策支持越强，PE收益越高，反之，PE收益越低；全社会民间资本总量与PE收益无关。全社会民间资本总量的多少不影响PE的投资收益；替代投资品收益与投资支持政策与PE收益无关，替代投资品相对收益的高低和支持政策的变化并不能对PE收益产生影响。这可能与PE的替代品较多，而投资者个人投资的偏好各不相同有关。PE相关税收与PE收益无关。PE相关税收减少，不能增加PE收益。这个结论与国外学者的结论相反，这可能与本书是研究短期内影响民间资本向PE转化因素有关，并且其他投资行业的税收水平也普遍较高，PE相关的税收与其他行业税收无显著差异。随着国内税收的改革和税率的降低，从长期来看，税收还会是影响 PE 收益的重要因素。PE 高管能力与 PE 收益正相关，PE 高管能力越强，PE 收益越高；反之，PE 收益越低。假设 1.9、假设 1.10、假设 1.12、假设 1.16 被接受，假设 1.11、假设 1.13、假设 1.14、假设 1.15 被拒绝。

对于中介变量之间，中介变量与解释变量、被解释变量之间的关系，经相关性分析和结构方程分析显示 PE 组织适应力与 PE 收益正相关，PE 组织适应力越强，PE 收益越高，反之，PE 收益越低；政府对 PE 发展的政策支持、PE 高管能力通过对 PE 组织适应力的作用进而影响到 PE 募集资金中民间资本的数量；政府对 PE 发展的政策支持、PE 高管能力通过对 PE 收益的作用进而影响到 PE 募集资金中民间资本的数量。假设 1.17、假设 1.18、假设 1.19 被证实。

至此，第五章提出的 19 个假设全部验证完毕，支持 15 个，拒绝 4 个，具体情况如表 6-30 所示：

**表 6-30　募集阶段民间资本转化为 PE 假设及验证结果**

| 假设 | 验证结果 |
|---|---|
| 假设 1.1：全社会民间资本总量的变化与 PE 募集资金中民间资本数量的变化正相关 | 支持 |
| 假设 1.2：替代投资品收益的变化与 PE 募集资金中民间资本数量的变化负相关 | 支持 |
| 假设 1.3：替代投资品投资政策支持与 PE 募集资金中民间资本数量的变化负相关 | 支持 |
| 假设 1.4：PE 相关税收与 PE 募集资金中民间资本数量的变化负相关 | 支持 |
| 假设 1.5：政府对 PE 发展的政策支持与 PE 募集资金中民间资本数量的变化正相关 | 支持 |
| 假设 1.6：PE 高管能力与 PE 募集资金中民间资本数量的变化正相关 | 支持 |
| 假设 1.7：PE 组织适应力与 PE 募集资金中民间资本数量的变化正相关 | 支持 |
| 假设 1.8：PE 收益与 PE 募集资金中民间资本数量正相关 | 支持 |
| 假设 1.9：政府对 PE 发展的政策支持与 PE 组织适应力正相关 | 支持 |
| 假设 1.10：PE 高管能力与 PE 组织适应力正相关 | 支持 |
| 假设 1.11：全社会民间资本总量与 PE 收益正相关 | 拒绝 |
| 假设 1.12：政府对 PE 发展的政策支持与 PE 收益正相关 | 支持 |
| 假设 1.13：替代投资品收益与 PE 收益负相关 | 拒绝 |
| 假设 1.14：替代投资品投资支持政策与 PE 收益负相关 | 拒绝 |
| 假设 1.15：PE 相关税收与 PE 收益负相关 | 拒绝 |
| 假设 1.16：PE 高管能力与 PE 收益正相关 | 支持 |
| 假设 1.17：PE 组织适应力与 PE 收益正相关 | 支持 |

续表

| 假设 | 验证结果 |
|---|---|
| 假设1.18：政府对PE发展的政策支持、PE高管能力通过对PE组织适应力的作用进而影响到PE募集资金中民间资本的数量 | 支持 |
| 假设1.19：政府对PE发展的政策支持、PE高管能力通过对PE收益的作用进而影响到PE募集资金中民间资本的数量 | 支持 |

## 第八节　本章小结

本章对第五章提出的概念模型和研究假设进行了实证验证。对收集到的问卷数据进行了信度和效度检验，验证了第五章所涉及的被解释变量、解释变量、中介变量的可靠性。在此基础上，对第五章提出的变量之间相互关系及影响进行相关性分析、多元回归分析和结构方程模型拟合。实证结果表明：支持了第五章所提出的假设1.1～1.10、假设1.12、假设1.16～1.17关于解释变量、中介变量与被解释变量之间、部分解释变量与中介变量之间的相关关系，即“全社会民间资本总量”、“替代投资品收益与投资支持政策变化”、“税收”、“政府对PE发展的政策支持”、“PE高管能力”、“PE组织适应力”、“PE收益”对“PE募集资金中民间资本的数量”产生显著影响，“政府对PE发展的政策支持”、“PE高管能力”对“PE组织适应力”产生显著影响；“政府对PE发展的政策支持”、“PE高管能力”、“PE组织适应力”对“PE收益”产生显著影响。

拒绝了假设1.13～1.15中介变量与部分解释变量之间的相关关系，即替代投资品收益与投资支持政策变化”、“税收”对“PE收益”无显著影响。

支持了解释变量通过中介变量对被解释变量发生影响的结构方程模型（假设1.18、假设1.19），即政府对PE发展的政策支持、PE高管能力通过对PE组织适应力的作用进而影响到PE募集资金中民间资本的数量。政府对PE发展的政策支持、PE高管能力通过对PE收益的作用进而影响到PE募集资金中民间资本的数量。

# 第七章　投资阶段：民间资本背景的 PE 决策的影响因素概念模型与假设

在 PE 决策阶段，不同背景的 PE 机构投资决策的观念、习惯、方式受到其自身的投资经验和知识结构、价值观念的影响，具有不同的特征。本章分析 PE 阶段，影响民间资本背景的 PE 公司投资决策的因素及其相互关系，构建 PE 阶段，民间资本背景的 PE 公司投资决策影响因素的概念模型，并依据理论分析和概念模型提出研究假设，设置相关变量。本章所研究的 PE 机构均为具有民间资本背景的 PE 机构。为简化叙述，以下统一简称为“PE 公司”。

## 第一节　PE 决策的概念模型

很多学者对 PE 决策的影响因素进行了评估和研究，Lieber（2004）提出了一个对 PE 决策实证研究的评价指标体系，这个体系包括了四个方面的内容：管理、运作、策略和交易。他推荐 PE 管理团队在对拟投资企业的情况进行评估时，应设置一套标准化的问题，并对问题及其每一子项指定评分标准，以确定单个因素对投资决策实现的影响。Povaly（2007）基于其研究，对 Lieber（2004）提出的投资风险评估量表进行了改进，提出了涵盖管理、运作、策略和交易四个方面的 PE 风险的评估量表（见表 7－1）。

表 7－1　投资决策评价因素

| 评价类别 | 评价考虑 |
| --- | --- |
| 管理 | |
| 管理层及核心管理团队 | 退出计划的中等风险 |
| 计划及能力 | 与退出计划的一致性 |

续表

| 评价类别 | 评价考虑 |
| --- | --- |
| 报酬 | 与退出计划的一致性 |
| 信息管理与报告 | 退出计划的中等风险 |
| 运作 | |
| 收入/利润计划 | 与退出计划的一致性 |
| 费用管理 | 与退出计划的一致性 |
| 运作计划 | 与退出计划的一致性 |
| 过程的质量和效率 | 与退出计划的一致性 |
| 策略 | |
| 市场趋势 | 与退出计划的一致性 |
| 竞争地位 | 与退出计划的一致性 |
| 成长策略 | 实现退出策略的主要风险 |
| 消费者管理 | 胜过退出计划的预期 |
| 交易 | |
| 融资 | 与退出计划的一致性 |
| 价值实现 | 与退出计划的一致性 |
| 附加收获 | 胜过退出计划的预期 |
| 退出（时间预期） | 与退出计划的一致性 |

Povaly（2007）的评价指标体系偏重于退出对投资的影响，虽然退出是 PE 获得收益的重要环节，但是，影响 PE 决策的因素非常多，单方面考查退出方面的影响，则有失全面。民间资本背景的 PE 公司是 PE 机构中的一员，既具有 PE 机构的共性特征，又带有民间资本本身的特性。因此，民间资本背景的 PE 的投资决策，在中国目前的经济和政治环境下，具有不同于其他 PE 的特征。民间资本背景的 PE 决策，主要受到三个方面因素的影响：一是拟投资企业的外部因素。如宏观经济形势、法律、所在区域的政策、制度、税收、资源、环境、地理位置等。二是受拟投资企业的内部因素的影响。如拟投资企业的战略和运作能力、资源整合能力、盈利能力、市场能力、网络能力等。三是受到退出预期的影响，以便在退出时获得目标回报。在一个较短的时期内，如 3～5 年，宏观经济形势、法律的变化并不明显，区域政策、资源条件、企业的内部情况和退出能否顺利实现，变得相对重要了。本书研究时间限定于近三年，宏观方面的经济、政治和法律因素的变化在三年内可以忽略不计，因此，本书从中观和微观的视角来研究影响 PE 决策的因素。从中观和微观的视角，PE 决策会受到一系列因素的影响。这些因素包括：区域经济政策、

区域资源条件、拟投资企业的企业管理能力、企业市场能力、退出期望以及 PE 公司的规模、成立时间、投资阶段等。

这些因素有内部的，如拟投资企业的企业管理能力、企业市场能力、退出期望；也有外部的，如区域经济政策、区域资源条件等；还有控制性因素如 PE 公司的规模、成立时间、所在区域、投资阶段等。在这些因素中，区域经济政策、区域资源条件、企业管理能力、企业市场能力、退出期望对 PE 决策产生直接的影响。据此，提出本章的第一个概念模型见图 7－1：

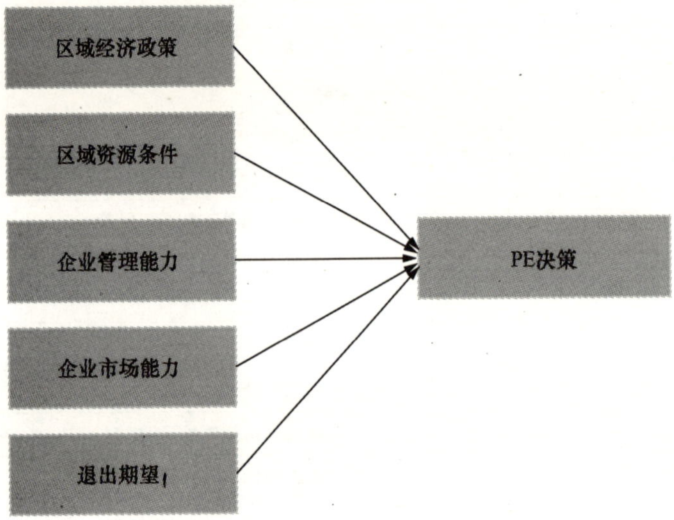


**图 7－1　概念模型 1：解释变量与 PE 决策**

其中，区域经济政策、区域资源条件又通过作用于企业管理能力间接影响 PE 决策。因此，企业管理能力既是解释变量，又是中介变量，PE 决策则是被解释变量。据此，构建投资阶段，PE 决策的第二个概念模型，以描述企业管理能力作为中介变量与解释变量区域经济政策、区域资源条件及被解释变量 PE 决策的关系，具体模型见图 7－2：

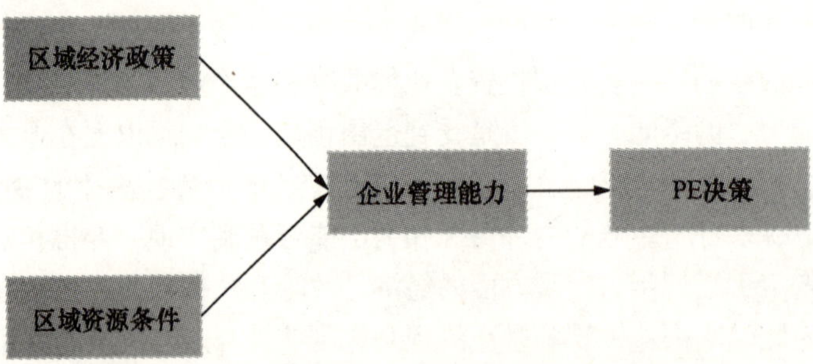


**图 7－2　概念模型 2：企业管理能力的中介作用**

区域经济政策、区域资源条件还通过作用于企业市场能力间接影响PE决策。因此企业市场能力既是解释变量，又是中介变量，PE决策则是被解释变量。据此，构建投资阶段，PE决策的第三个概念模型，以描述解释变量区域经济政策、区域资源条件与中介变量企业市场能力及被解释变量PE决策的关系，具体模型见图7－3：

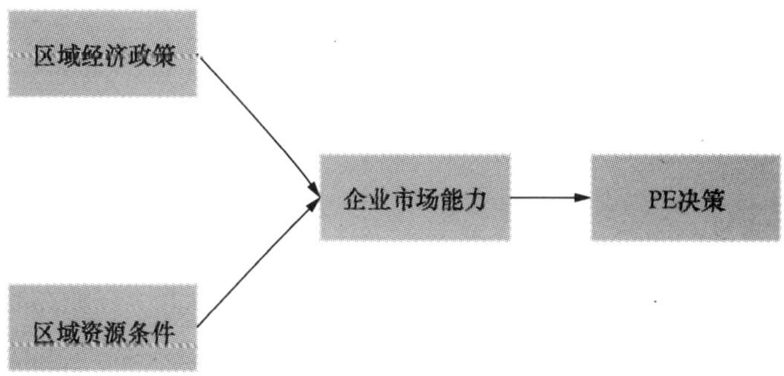


图7－3　概念模型3：企业市场能力的中介作用

区域经济政策、区域资源条件还对退出期望产生影响，并通过退出期望间接影响PE决策。因此，退出期望既是解释变量，又是中介变量。据此，构建投资阶段，PE决策的第四个概念模型，以描述解释变量区域经济政策、区域资源条件与中介变量退出期望及被解释变量PE决策的关系，具体模型见图7－4：

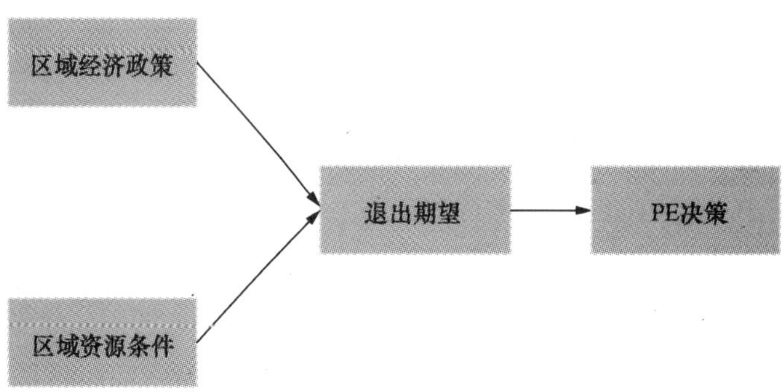


图7－4　概念模型4：退出期望的中介作用

三个中介变量之间也会发生相互作用，企业管理能力、企业市场能力不但直接影响PE决策的做出，还通过对退出期望的影响，进而作用于PE决策。据此，提出第五个概念模型，见图7－5。

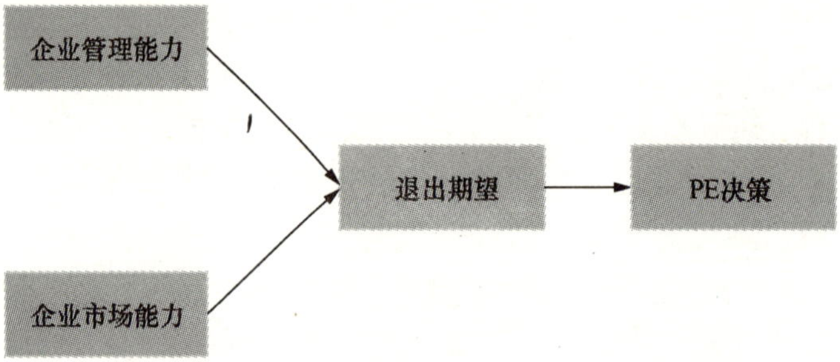


**图 7－5　概念模型 5：退出期望的中介作用 2**

至此，本章所研究的全部因素的相互关系概念模型可以描述为区域经济政策、区域资源条件既可以直接影响 PE 决策，又通过作用于企业管理能力、企业市场能力、退出期望间接影响 PE 决策。而企业管理能力、企业市场能力、退出期望既是解释变量，又是中介变量，PE 决策则是被解释变量。据此，在 PE 决策阶段，各因素之间的整体关系的概念模型见图 7－6：

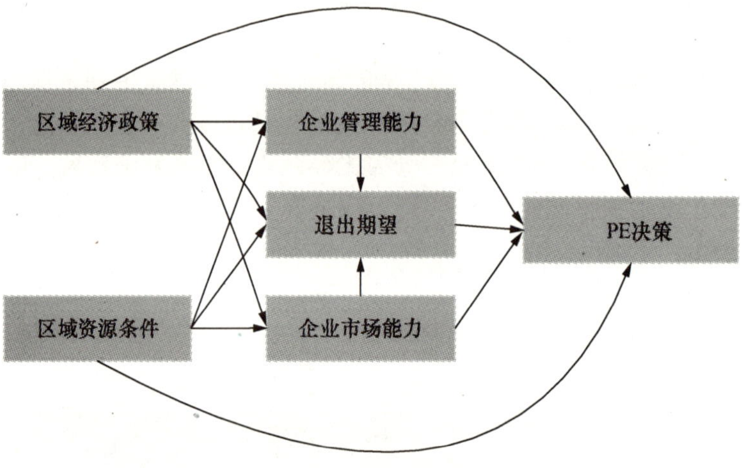


**图 7－6　概念模型 6：解释变量、中介变量与 PE 决策**

# 第二节　研究假设

## 一、区域经济政策、区域资源条件与 PE 决策

区域经济政策的不同，会直接影响到 PE 决策的做出。好的区域经济政策有

助于吸引PE在本区域投资。因此，提出假设2.1：

假设2.1：区域经济政策与PE决策正相关。良好的区域经济政策促进PE决策，较差的区域经济政策阻碍PE决策的做出。

区域资源条件的好坏，影响到未来的投资收益。条件好的区域，拥有丰富的自然资源和社会资源，土地供应充足，生产资料价格适中，地理位置优越，交通便捷，能够提高PE收益。而差的区域土地供应紧张，地理位置偏僻，交通不发达，生产资料价格较高，会影响PE收益。据此，提出假设2.2：

假设2.2：区域资源条件与PE决策正相关。良好的区域资源条件促进PE决策，较差的区域资源条件阻碍PE决策的做出。

## 二、企业管理能力、企业市场能力、退出期望与PE决策

拟投资企业的企业管理能力是影响PE收益的重要因素。外部的政策和资源条件再好，也需要一个好的企业管理团队和较高的企业管理水平才能将有利的外部因素转化为企业发展的持续动力，这也是为什么同处一个地区、一个行业，有些企业经营得很好，有些企业却濒临破产。因此，企业管理能力强的企业，更能够得到PE的投资。据此，提出假设2.3：

假设2.3：企业管理能力与PE决策正相关。较强的企业管理能力促进PE决策，较弱的企业管理能力阻碍PE决策的做出。

企业市场能力是拟投资企业市场发展趋势、市场拓展、竞争地位等方面的综合体现。市场能力强的企业能够较好地掌握市场，适时推出市场认可并欢迎的产品，从而取得好的收益；而市场能力弱的企业，在面临市场机会时，往往反应迟钝，无法统筹企业资源，无法把握市场机会，从而无法获得好的收益。因此，市场能力强的企业，对PE者具有更大的吸引力，更容易获得PE。据此，提出假设2.4：

假设2.4：企业市场能力与PE决策正相关。较强的企业市场能力促进PE决策，较弱的企业市场能力阻碍PE决策的做出。

PE在持有一段时间企业的股权后，要从投资企业中退出，以获得投资的资本利得。因此，退出是PE全过程的关键环节。一个具有良好退出前景的企业，比一个退出前景不明的企业对于PE机构来说更有吸引力，更容易获得PE。据此，提出假设2.5：

假设2.5：退出期望与PE决策正相关。良好的退出期望促进PE决策，较差的退出期望阻碍PE决策的做出。

## 三、区域经济政策、区域资源条件与企业管理能力

区域经济政策较好，区域的经济发展较活跃，企业有一个较好的政策环境，

发展的阻力较少，推动了企业的发展，因而，其管理能力也会得到发展。区域经济政策较差的地区，企业发展的障碍较多，企业发展困难，企业很难做大做强，影响企业的管理能力。据此，提出假设2.6：

假设2.6：区域经济政策与企业管理能力正相关。良好的区域经济政策能提升企业管理能力，较差的区域经济政策导致较差的企业管理能力。

区域资源条件较好，有利于企业的发展，企业在发展壮大的过程中，管理能力也逐步增强。据此，提出假设2.7：

假设2.7：区域资源条件与企业管理能力正相关。良好的区域资源条件能提升企业管理能力，较差的区域资源条件导致较差的企业管理能力。

## 四、区域经济政策、区域资源条件与企业市场能力

区域经济政策较好，区域的经济发展较活跃，企业有一个较好的政策环境，发展的阻力较少，推动了企业的发展，因而，其市场能力也会得到发展。区域资源条件较差的地区，企业发展的障碍较多，企业发展困难，企业的市场能力也较差。据此，提出假设2.8：

假设2.8：区域经济政策与企业市场能力正相关。良好的区域经济政策能提升企业市场能力，较差的区域经济政策导致较差的企业市场能力。

区域资源条件较好，有利于区域的经济发展，企业有一个较好的资源环境，会对市场能力的提升有所帮助，因而，其市场能力也会得到发展。区域资源条件较差的地区，企业发展的障碍较多，影响企业的市场能力。据此，提出假设2.9：

假设2.9：区域资源条件与企业市场能力正相关。良好的区域资源条件能提升企业市场能力，较差的区域资源条件导致较差的企业市场能力。

## 五、区域经济政策、区域资源条件、企业管理能力、企业市场能力与退出期望

区域经济政策是某一地区的重要经济环境。区域经济政策对整个区域的所有企业都能产生影响。区域经济环境较好的地区，经济发达，资本市场完善，企业间的产权交易频繁，容易为PE退出创造较好的条件；区域经济政策较差的地区，经济发展环境较差，商品市场、资本市场的发展都受到经济政策的约束，不能充分发展，产权的交易成本较高，PE退出困难。据此，提出假设2.10：

假设2.10：区域经济政策与退出期望正相关。良好的区域经济政策有较好的退出期望，较差的区域经济政策导致较差的退出期望。

区域资源条件是区域自然资源、人文环境和地理环境的综合。投资者愿意到综合环境较好的地区投资，不愿到综合环境较差的地区投资。因此。环境较好地

区的股权交易较为容易，产权的交易成本较低，有利于PE的退出。据此，提出假设2.11：

假设2.11：区域资源条件与退出期望正相关。良好的区域资源条件有较好的退出期望，较差的区域资源条件导致较差的退出期望。

企业管理能力的强弱会对PE的退出期望产生影响。企业管理能力越强，企业发展的也越好，会使PE产生较好的退出预期。据此，提出假设2.12：

假设2.12：企业管理能力与退出期望正相关。较强的企业管理能力导致较好的退出期望，较差的企业管理能力导致较差的退出期望。

企业市场能力强，会使企业的业务得到较快的发展，从而为企业赚取更好的收益，这也会对PE的退出产生影响。据此，提出假设2.13：

假设2.13：企业市场能力与退出期望正相关。较强的企业市场能力导致较好的退出期望，较差的企业市场能力导致较差的退出期望。

## 六、区域经济政策、企业管理能力及PE决策

区域经济政策不但对PE决策产生直接影响，而会通过作用于企业管理能力对PE决策产生间接影响。据此，提出假设2.14：

假设2.14：区域经济政策会影响企业管理能力，并通过企业管理能力间接影响PE决策。

## 七、区域资源条件、企业管理能力及PE决策

区域资源条件不但对PE决策产生直接影响，而且会通过作用于企业管理能力对PE决策产生间接影响。据此，提出假设2.15：

假设2.15：区域资源条件会影响企业管理能力，并通过企业管理能力间接影响PE决策。

## 八、区域经济政策、企业市场能力及PE决策

区域经济政策不但对PE决策产生直接影响，而且会通过对企业市场能力的影响对PE决策产生影响。据此，提出假设2.16：

假设2.16：区域经济政策会影响企业市场能力，并通过企业市场能力影响PE决策。

## 九、区域资源条件、企业市场能力及PE决策

区域资源条件不但对PE决策产生直接影响，而且会通过对企业市场能力的影响对PE决策产生间接影响。据此，提出假设2.17：

假设2.17：区域资源条件会影响企业市场能力，并通过企业市场能力间接影响PE决策。

### 十、区域经济政策、区域资源条件与退出期望及PE决策

区域经济政策、区域资源条件不但对PE决策产生直接影响，而且会通过退出期望对PE决策产生间接影响。据此，提出假设2.18：

假设2.18：区域经济政策和区域资源条件会直接影响PE决策，并通过作用于退出期望间接影响PE决策。

### 十一、企业管理能力、企业市场能力与退出期望及PE决策

企业管理能力的高低，会影响到投资者退出企业的预期，并进而影响PE决策。企业市场能力对退出期望也会产生影响，市场能力强的企业会给投资者较好的投资预期，从而影响投资者退出预期，并进而影响到PE的投资决策。因此，提出假设2.19：

假设2.19：企业管理能力、企业市场能力会直接影响PE决策，并通过作用于退出期望间接影响PE决策。

## 第三节　被解释变量

在PE阶段，内外部因素对民间资本背景的PE决策的影响有不同的特征。PE决策是PE公司在外部因素和内部因素共同作用下形成的结果，反映了PE对拟投资特定地区、特定行业、特定企业的综合评价，以及PE公司本身的特质。因此，研究选择“PE决策”的多少作为投资阶段的被解释变量。

关于PE决策数量的衡量，既有绝对数量的衡量方式，又有相对数量的衡量方式。绝对数量的衡量方式简单明了，数量来源较多，既可以从企业公开的资料中收集，又可以在清科、China Venture的数据库中收集。但是，从数据库中得到投资决策的绝对数量作为衡量投资决策的指标存在较多的问题：一是无法反映投资决策数量的历史变化情况。而投资决策数量的历史变动反映了不同时期内、外部因素的变化对PE决策的影响。二是无法与问卷调查的时间相匹配。被调查者在填写问卷时可能只考虑当下的情况，并依此选择问卷的答案。但是，一项影响因素发挥作用，并反映到投资决策上，往往会有一段时间的滞后，被调查者在填表时可能只会关注于当下因素的变化，并对这种变化进行回答，而对于历史因素变化所导致投资决策数量的变化，则无法在较短的填表时间内予以考虑。考虑到

以上情况，为解决投资决策的历史变动情况，本研究运用相对值作为衡量投资阶段PE决策数量的指标，设置了“近三年来，PE成功的数量”，“近三年来，PE机会”两个题项，测量近三年来，以被调查者的视角来观察，成功的PE决策的数量是“减少很多”、“减少一些”、“基本不变”、“增加一些”、“增加很多”，并分别赋予1、2、3、4、5的分值。由此，把投资决策指标设计成一个动态的相对值，既可以衡量PE决策历史变动情况，又可以解决解释变量与被解释变量的时间匹配问题。

## 第四节　解释变量

在投资决策阶段，有很多因素对PE决策发生作用。这些因素包括区域经济政策、区域资源条件、企业管理能力、企业市场能力、退出期望等。在Lieber（2004）和Povaly（2007）等研究的基础上，考虑到中国民间资本特征及中国目前经济环境的特点，选取了五个方面的因素组成解释变量，共设计了67个题项对这五个变量进行测量，各因素及其测量指标见表7-2。

**表7-2　PE中国企业影响因素表**

| 影响因素 | 评价依据 |
|---|---|
| 区域经济政策 | 税收优惠 |
| | 政府支持 |
| | 行业发展优惠 |
| 区域资源条件 | 土地价格 |
| | 生产资料价格 |
| | 交通状况 |
| | 地理位置 |
| 企业管理能力 | 管理层及核心管理团队 |
| | 计划及运作 |
| | 报酬 |
| | 盈利能力 |
| | 费用 |
| | 管理过程的质量和效率 |
| | 信息管理与报告制度 |

续表

| 影响因素 | 评价依据 |
|---|---|
| 企业市场能力 | 市场趋势 |
| | 竞争地位 |
| | 成长策略 |
| | 消费者管理 |
| 退出期望 | 退出的融资情况 |
| | 退出价值实现预期 |
| | 退出的附加收获预期 |
| | 退出时间预期 |

## 一、区域经济政策

区域经济政策是整个地区经济发展的综合政策。包括税收优惠、行业发展优惠和政府支持等。区域经济政策的好坏，直接影响 PE 决策的做出。为测量区域经济政策，本书设置了四个题项来测量："我们优先投资有政府优惠政策支持的企业"、"我们优先投资有税收优惠政策的企业"、"我们优先投资国家和地方政府优先和倡导发展的企业"、"我们优先到对 PE 有优惠政策的地区投资"，以被调查者的视角来观察，在其他条件不相同的情况下，被调查者"非常不同意"、"不同意"、"不确定"、"同意"、"非常同意"，并分别赋予 1、2、3、4、5 的分值。

## 二、区域资源条件

区域资源条件是一个地区自然资源、地理位置、生产资料价格的综合反映。对此，本书设置了四个题项来测量："我们优先投资土地价格较低的地区"、"我们优先投资生产资料价格较低的地区"、"我们优先投资交通比较发达的地区"、"我们优先投资距公司 200 公里以内的企业"，以被调查者的视角来观察，对以上陈述做出"非常不同意"、"不同意"、"不确定"、"同意"、"非常同意"判断，并分别赋予 1、2、3、4、5 的分值。

# 第五节　中介变量

## 一、企业管理能力

拟投资企业的企业管理能力是企业的综合能力。包括了管理层及核心管理团队的能力、战略和运作能力、资源整合能力、员工报酬、盈利能力、费用、网络关系能力七个方面，本书共设置了58个题项来测量，现分述如下：

一是管理层及核心管理团队的能力。为测量这个方面的能力，设置了18个题项对管理层及核心管理团队的目标能力、创新能力、反应能力、价值观和团队协作能力五个方面进行了测量。

在测量目标能力方面，设置了：在投资筛选时，我们对企业高管的要求是“经常设置有挑战的目标”、“不轻易放弃目标”两个题项，以被调查者的视角对上述陈述做出“非常不同意”、“不同意”、“不确定”、“同意”、“非常同意”的判断，并分别赋予1、2、3、4、5的分值。

在测量创新能力方面，设置了：在投资筛选时，我们对企业高管的要求是“不满足现状”、“面对环境变化，不断产生新的经营思路”、“持续进行管理创新”、“持续改进公司运作模式以适应企业的发展”四个题项，以被调查者的视角对上述陈述做出“非常不同意”、“不同意”、“不确定”、“同意”、“非常同意”的判断，并分别赋予1、2、3、4、5的分值。

在测量反应能力方面，设置了：在投资筛选时，我们对企业高管的要求是“主动从不同渠道收集市场信息”、“主动鉴别可利用的投资机会”、“迅速察觉公司内部问题并主动解决”、“较快察觉消费者的需求”四个题项，以被调查者的视角对上述陈述做出“非常不同意”、“不同意”、“不确定”、“同意”、“非常同意”的判断，并分别赋予1、2、3、4、5的分值。

在测量价值观方面，设置了：在投资筛选时，我们对企业高管的要求是“高管的个人目标与公司的经营目标一致”、“高管们具有相同的价值取向”两个题项测量，以被调查者的视角对上述陈述做出“非常不同意”、“不同意”、“不确定”、“同意”、“非常同意”的判断，并分别赋予1、2、3、4、5的分值。

在测量团队协作能力方面，设置了：在投资筛选时，我们对企业高管的要求是“公司面临挑战时，能团结面对”、“每位高管都有自己的专长或专门知识”、“高管掌握的专门知识和技能对公司经营不可或缺”、“高管的工作经历很不相同”、“在企业发展问题上，高管能相互协商”、“在沟通协商时，高管都能充分发表自己的观点”、“能根据团队共商结果修订原经营方案”七个题项，以被调查者的视角对上述陈述做出“非常不同意”、“不同意”、“不确定”、“同意”、“非常同意”的判断，并分别赋予1、2、3、4、5的分值。

二是战略和运作能力。为测量高管这方面的能力，设置了：在投资筛选时，我们对企业战略和运作能力的要求是“有清晰、明确的企业发展目标”、“总是设法在综合实力上赶超同行”、“能先于竞争者觉察环境的变化”、“能从市场环境中发现机会与威胁”、“有比较完善的管理信息系统”、“在确定战略方案前，能拟订多种备选方案”、“能对各备选方案的收益、风险进行仔细分析”、“多数情况下能及时制定战略决策”八个题项，以被调查者的视角对上述陈述做出“非常不同意”、“不同意”、“不确定”、“同意”、“非常同意”的判断，并分别赋予1、2、3、4、5的分值。

三是资源整合能力。这方面设置了：在投资筛选时，我们对企业资源整合能力的要求是“企业内部能有效沟通”、“企业内部责任明晰，权利明确”、“企业每个部门都有业务水平较高人员”、“有选择高质量供应商的评估标准和制度”、“更倾向选择优质客户”、“经常引进新的技术和工艺”、“准确选择新的业务领域”、“能快速重新组合企业内部的人、财、物资源以适应变化”、“能有效配置本地、外地的外部资源”、“能及时调整企业内部架构以适应企业发展”、“能迅速熟悉新引进的技术和工艺，使之形成生产能力”11个题项，以被调查者的视角对上述陈述做出“非常不同意”、“不同意”、“不确定”、“同意”、“非常同意”的判断，并分别赋予1、2、3、4、5的分值。

四是员工报酬。为测量这个方面，设置了“高管和员工工资水平较低的企业”一个题项，以被调查者的视角对上述陈述做出“非常不同意”、“不同意”、“不确定”、“同意”、“非常同意”的判断，并分别赋予1、2、3、4、5的分值。

五是盈利能力。这个方面设置了“与主要竞争者相比近三年员工数增长较快的企业”、“与主要竞争者相比近三年销售增长率较高的企业”、“与主要竞争者相比近三年利润增长率较高的企业”、“与主要竞争者相比近三年市场份额增长率较快的企业”四个题项，以被调查者的视角对上述陈述做出“非常不同意”、“不同意”、“不确定”、“同意”、“非常同意”的判断，并分别赋予1、2、3、4、5的分值。

六是费用。设置了“管理费用较低的企业”一个题项，以被调查者的视角对上述陈述做出“非常不同意”、“不同意”、“不确定”、“同意”、“非常同意”的判断，并分别赋予1、2、3、4、5的分值。

七是网络关系能力。设置了：在投资筛选时，我们对企业网络关系能力的要求是“有范围很广泛的供应商关系，有广泛的客户关系”、“与本地政府和行业协会保持经常的联系”、“经常参加业内的交流和活动”、“与主要供应商有长期稳定的合作基础”、“与主要客户有长期稳定的合作基础”、“与科研院所有长期稳定的合作基础”、“地方政府对企业持合作和支持态度”七个题项，以被调查者的视角对上述陈述做出“非常不同意”、“不同意”、“不确定”、“同意”、“非常同意”的判断，并分别赋予1、2、3、4、5的分值。

## 二、企业市场能力

企业市场能力主要反映在四个方面，即市场趋势、竞争地位、成长策略、消费者管理。为测量企业市场能力，设置了：在投资筛选时，我们对企业市场能力的要求是“产品市场发展前景较好的企业”、我们对企业市场能力的要求是“具有市场竞争优势或潜在市场竞争优势的企业”、我们对企业市场能力的要求是“具有完善市场发展战略和市场成长策略的企业”、我们对企业市场能力的要求是“具备完善和优质的消费者管理体系的企业”、我们对企业市场能力的要求是“能提供市场需要的优质产品和服务的企业”五个题项，对企业市场能力的四个方面进行测量，以被调查者的视角对上述陈述做出“非常不同意”、“不同意”、“不确定”、“同意”、“非常同意”的判断，并分别赋予1、2、3、4、5的分值。

### 三、退出期望

退出期望是PE者对退出融资、价值实现、附加收获及退出时间的预期。为测量退出期望的四个方面，本书设置了：在投资筛选时，我们对退出期望的要求是“退出时较易融资转让或上市的企业”、我们对退出期望的要求是“退出时较易实现预定投资目标的企业”、我们对退出期望的要求是“退出时有可能带来投资附加收获的企业”、我们对退出期望的要求是“预计退出时间能满足基金管理要求的企业”四个题项，以被调查者的视角对上述陈述做出“非常不同意”、“不同意”、“不确定”、“同意”、“非常同意”的判断，并分别赋予1、2、3、4、5的分值。

## 第六节　控制变量

控制变量可能对被解释变量（即PE决策）产生影响，在投资阶段，对PE决策产生影响的主要有PE公司规模、成立年数、所在区域、投资阶段等。Nadler和Tushman（1988）的研究指出，企业规模是影响企业行为和决策的重要属性。对于PE公司来讲，企业规模的大小与其管理资产的规模大小直接相关，因此，本书以管理资产规模来区分企业规模。在调查问卷中，本书设置了“企业管理资产规模”选择题，设计了“5000万元以下”、“5000万~1亿元”、“1亿~5亿元”、“5亿~10亿元”、“10亿元以上”五个级别，并分别赋予1、2、3、4、5的分值。

PE公司成立时间越长，积累的投资经验越多，投资的成功率将大大提高，投资收益将增加，积累的人脉关系也越多，越容易做出正确的决策。本书设置了“公司成立时间”填空题，请被调查人据实填写。不同地区的经济发展水平不同，PE的发展水平也不同。地方政府的支持政策、税收优惠会对本地的PE决策产生不同的作用。传统情况下，北京、上海和深圳是我国 PE 较发达的地区，凡是在这三个城市的 PE 机构的地区变量为 1，否则为 0。不同投资阶段的 PE 基金，其投资的行为特征也具有不同的特征，投资收益和风险也不同，为消除不同投资阶段的影响，研究在问卷设置了相关题项，以调查投资阶段控制变量。

## 第七节　本章小结

本章从理论了构建了 PE 决策阶段，影响民间资本背景的 PE 决策的结构方程概念模型，提出区域经济政策、区域资源条件、企业管理能力、企业市场能力、退出期望对 PE 决策产生直接的影响，其中区域经济政策、区域资源条件又通过企业管理能力、企业市场能力、退出期望间接影响 PE 决策。并对概念模型所涉及的被解释变量、解释变量、中介变量、控制变量进行了分析。PE 决策为被解释变量，区域经济政策、区域资源条件、企业管理能力、企业市场能力、退出期望为解释变量，其中，企业管理能力、企业市场能力、退出期望既是解释变量，又是中介变量。PE 公司规模、成立年数、所在区域、投资阶段为控制变量。本章提出的假设整理如下：

假设 2.1：区域经济政策与 PE 决策正相关。良好的区域经济政策促进 PE 决策，较差的区域经济政策阻碍 PE 决策的做出。

假设 2.2：区域资源条件与 PE 决策正相关。良好的区域资源条件促进 PE 决策，较差的区域资源条件阻碍 PE 决策的做出。

假设 2.3：企业管理能力与 PE 决策正相关。较强的企业管理能力促进 PE 决策，较弱的企业管理能力阻碍 PE 决策的做出。

假设 2.4：企业市场能力与 PE 决策正相关。较强的企业市场能力促进 PE 决策，较弱的企业市场能力阻碍 PE 决策的做出。

假设 2.5：退出期望与 PE 决策正相关。良好的退出期望促进 PE 决策，较差的退出期望阻碍 PE 决策的做出。

假设 2.6：区域经济政策与企业管理能力正相关。良好的区域经济政策能提升企业管理能力，较差的区域经济政策导致较差的企业管理能力。

假设 2.7：区域资源条件与企业管理能力正相关。良好的区域资源条件能提升企业管理能力，较差的区域资源条件导致较差的企业管理能力。

假设 2.8：区域经济政策与企业市场能力正相关。良好的区域经济政策能提升企业市场能力，较差的区域经济政策导致较差的企业市场能力。

假设 2.9：区域资源条件与企业市场能力正相关。良好的区域资源条件能提升企业市场能力，较差的区域资源条件导致较差的企业市场能力。

假设2.10：区域经济政策与退出期望正相关。良好的区域经济政策有较好的退出期望，较差的区域经济政策导致较差的退出期望。

假设2.11：区域资源条件与退出期望正相关。良好的区域资源条件有较好的退出期望，较差的区域资源条件导致较差的退出期望。

假设2.12：企业管理能力与退出期望正相关。较强的企业管理能力导致较好的退出期望，较差的企业管理能力导致较差的退出期望。

假设2.13：企业市场能力与退出期望正相关。较强的企业市场能力导致较好的退出期望，较差的企业市场能力导致较差的退出期望。

假设2.14：区域经济政策会影响企业管理能力，并通过企业管理能力间接影响PE决策。

假设2.15：区域资源条件会影响企业管理能力，并通过企业管理能力间接影响PE决策。

假设2.16：区域经济政策会影响企业市场能力，并通过企业市场能力影响PE决策。

假设2.17：区域资源条件会影响企业市场能力，并通过企业市场能力间接影响PE决策。

假设2.18：区域经济政策和区域资源条件会直接影响PE决策，并通过作用于退出期望间接影响PE决策。

假设2.19：企业管理能力、企业市场能力会直接影响PE决策，并通过作用于退出期望间接影响PE决策。

# 第八章　投资阶段：民间资本背景的 PE 决策影响因素的实证结果

本章运用第四章提出的方法，去掉收回的问卷当中显示无民间资本背景的问卷 73 份，对剩余的具有民间资本背景的 209 份问卷进行了统计分析，以验证第七章提出的在 PE 阶段，影响具有民间资本背景的 PE 决策的主要因素及相关的研究假设。本书采用的资料分析的工具是 SPSS 18.0 和 AMOS 17.0 统计分析软件，统计标准见第六章所述，此处不再赘述。

## 第一节　样本基本情况

调查发出问卷中具有民间资本背景的问卷 209 份，达到了结构方程模型分析不少于 200 份的要求，并且符合在信度、效度、相关性分析及多元回归分析等方面的样本数量要求，因而，运用 209 份具有民间资本背景的问卷进行本章的实证检验是可靠的。问卷的调查情况如表 8－1 至表 8－3 所示：

**表 8－1　样本基本情况统计表**

| 样本特性 | 分类标准 | 样本数（个） | 百分比（%） | 累计百分比（%） |
| --- | --- | --- | --- | --- |
| 投资阶段 | 种子期 | 12 | 5.6 | 5.6 |
| | 设立期 | 31 | 14.8 | 20.4 |
| | 第一期 | 42 | 20.5 | 40.9 |
| | 第二期 | 30 | 14.3 | 55.2 |
| | 第三期 | 39 | 18.6 | 73.8 |
| | 过桥/Pre－IPO | 32 | 15.2 | 89 |
| | 收购基金 | 23 | 11 | 100 |
| | 重振/危困基金 | 0 | 0 | — |

续表

| 样本特性 | 分类标准 | 样本数（个） | 百分比（%） | 累计百分比（%） |
|---|---|---|---|---|
| 注册地 | 京、沪、深 | 121 | 58 | 58 |
| | 非京、沪、深 | 88 | 42 | 100 |
| 成立年数 | 3年以下 | 32 | 15.3 | 15.3 |
| | 3~5年 | 81 | 38.8 | 54.1 |
| | 5~10年 | 79 | 37.8 | 91.9 |
| | 10年以上 | 17 | 8.1 | 100 |

从表8-1中可以看出，除重振/危困阶段外，样本覆盖了其他各阶段。其中第一期最多，占全部样本的20.5%；设立期和第二期各占全部样本的14.8%和14.3%；第三期、过桥、收购基金各占全部样本的18.6%、15.2%、11%。从总体上看，样本分布情况比较均衡。京、沪、深三地样本较多，占全部样本数的58%，其他地区占42%。PE公司成立时间三年以上的较多，占全部样本的84.7%，三年以下的占15.3%。

**表8-2　样本组织形式及管理资产情况**

| 样本特性 | 分类标准 | 样本数（个） | 百分比（%） | 累计百分比（%） |
|---|---|---|---|---|
| 公司组织形式 | 股份有限 | 78 | 37.3 | 37.3 |
| | 有限责任 | 90 | 43.1 | 80.4 |
| | 有限合伙 | 33 | 15.8 | 96.2 |
| | 普通合伙 | 8 | 3.8 | 100 |
| 管理资产规模 | 5000万元以下 | 8 | 3.8 | 3.8 |
| | 5000万~1亿元 | 40 | 19.1 | 21.9 |
| | 1亿~5亿元 | 87 | 41.6 | 63.5 |
| | 5亿~10亿元 | 63 | 30.2 | 93.7 |
| | 10亿元以上 | 11 | 5.3 | 100 |
| 管理基金个数 | 10个以下 | 166 | 79.4 | 79.4 |
| | 10个以上 | 43 | 20.6 | 100 |
| 管理基金平均规模 | 5000万元以下 | 20 | 9.5 | 9.5 |
| | 5000万~1亿元 | 94 | 45 | 54.5 |
| | 1亿~5亿元 | 93 | 44.5 | 99 |
| | 5亿~10亿元 | 2 | 1 | 100 |

从表 8－2 中可以看出，有限责任、股份有限、有限合伙是样本 PE 公司的主要组织形式，占全部样本的 96.2%；而普通合伙的较少，占全部样本的 3.8%，无个人独资公司。样本 PE 公司管理资产主要分布于 5000 万～10 亿元区间，占全部样本的 89.9%；管理资产 10 亿元以上的占 5.3%；管理资产低于 5000 万元的样本占全部的 3.8%。样本 PE 公司管理基金的个数 10 个以下的居多，占全部样本的 79.4%；超过 10 个的，占 20.6%。单个基金的平均规模高于 5 亿元的占 1%，低于 5000 万元的占 9.5%；其他都集中在 5000 万～5 亿元之间，占全部样本的 89.5%。

表 8－3 样本主要投资行业

| 分类标准 | 样本数 | 百分比（%） | 累计百分比（%） |
| --- | --- | --- | --- |
| 互联网 | 49 | 23.4 | 23.4 |
| 电信及增值 | 45 | 21.6 | 45 |
| IT | 56 | 26.9 | 71.9 |
| 能源及矿业 | 12 | 5.7 | 77.6 |
| 制造业 | 3 | 1.4 | 79 |
| 化学工业 | 5 | 2.4 | 81.4 |
| 农林牧渔 | 3 | 1.4 | 82.8 |
| 金融 | 3 | 1.4 | 84.2 |
| 医疗健康 | 3 | 1.4 | 85.6 |
| 食品饮料 | 1 | 0.5 | 86.1 |
| 文化传媒 | 3 | 1.4 | 87.5 |
| 房地产 | 1 | 0.5 | 88 |
| 综合 | 25 | 12 | 100 |

从表 8－3 中可以看出，全部样本的 77.6% 的 PE 公司投资行业集中于互联网、电信及增值、IT、能源及矿业、PE 公司投资。

## 第二节 信度分析

以下进行的信度分析用于保证问卷测量结果的可信性。本书采用内部信度作为检测问卷信度的工具，以 Cronbach's α 系数对问卷进行测量，得到信度测量结果，见表 8－4。

表8－4　问卷变量的Cronbach's α值

| 变量 | Cronbach's α值 |
|---|---|
| 区域经济政策 | 0.85 |
| 区域资源条件 | 0.87 |
| 企业管理能力 | 0.92 |
| 企业市场能力 | 0.88 |
| 退出期望 | 0.86 |
| PE决策 | 0.81 |

根据Guielford（1965）的研究观点，信度检验中的Cronbach's α值大于0.7说明信度很高，小于0.35说明信度较低，需删除。本研究所有变量的Cronbach's α值均大于0.7，即这些变量的测量是可信的。

## 第三节　效度分析

本书采用结构效度进行效度分析，使用KMO（Kaiser－Meyer－Olkin Measure of Sampling Adequacy）和Bartlett球形检验测量变量之间的偏相关，进而判断因子分析的可行性。KMO测试结果为0.813，Bartlett球形检验卡方值是1993.446显著性为0，适合进行因子分析。具体测试结果如表8－5所示。

表8－5　KMO和Bartlett球形检验

| KMO | | 0.813 |
|---|---|---|
| Bartlett球形检验 | Approx. Chi－Square | 1993.446 |
| | df. | 75 |
| | Sig. | 0.000 |

因子分析得出的变量共同度（Communalities）最终结果如表8－6所示。从表8－6中可以看出，本书所有变量的Extraction值都在0.8以上，其中两个变量在0.9以上，说明本书所设计的调查问卷的结构效度良好，充分满足统计学要求。

表8－6　变量共同度（Communalities）检验

| 变量 | Initial | Extraction |
|---|---|---|
| 区域经济政策 | 1.000 | 0.823 |

续表

| 变量 | Initial | Extraction |
| --- | --- | --- |
| 区域资源条件 | 1.000 | 0.801 |
| 企业管理能力 | 1.000 | 0.902 |
| 企业市场能力 | 1.000 | 0.864 |
| 退出期望 | 1.000 | 0.901 |
| PE 决策 | 1.000 | 0.815 |

## 第四节　相关性分析

为验证第七章提出的假设 2.1 ~ 2.19，本节对三个方面的相关关系进行验证：一是解释变量、中介变量与被解释变量之间的相关关系，即区域经济政策、区域资源条件、企业管理能力、企业市场能力、退出期望与 PE 决策之间的相关关系；二是解释变量与中介变量之间的相关关系，即区域经济政策、区域资源条件与企业管理能力、企业市场能力、退出期望的相关关系；三是中介变量之间的相关关系，即企业管理能力、企业市场能力、退出期望之间的相关关系。以 SPSS 18.0 统计分析软件为分析工具，以 0.01 显著性水平为标准。各假设的检验结果如下：

假设 2.1：区域经济政策与 PE 决策正相关。良好的区域经济政策促进 PE 决策，较差的区域经济政策阻碍 PE 决策的做出。

假设 2.1 的 Pearson 相关分析（Correlations）结果见表 8 –7。表 8 –7 分析结果显示区域经济政策与 PE 决策相关系数为 0.813，表明了区域经济政策与 PE 决策具有很强的正相关性，因此良好的区域经济政策可以显著促进 PE 决策的做出。假设 2.1 成立。

**表 8 –7　区域经济政策与 PE 决策相关性分析**

| | | PE 决策 | 区域经济政策 |
| --- | --- | --- | --- |
| PE 决策 | Pearson Correlation | 1 | 0.813（**） |
| | Sig.（2 – tailed） | — | 0.000 |
| | N | 209 | 209 |
| 区域经济政策 | Pearson Correlation | 0.813（**） | 1 |
| | Sig.（2 – tailed） | 0.000 | — |
| | N | 209 | 209 |

注：** 表示显著性水平小于 0.01。

假设2.2：区域资源条件与PE决策正相关。良好的区域资源条件促进PE决策，较差的区域资源条件阻碍PE决策的做出。

假设2.2的Pearson相关分析（Correlations）结果见表8-8。分析结果显示区域资源条件与PE决策相关系数为0.805，表明了区域资源条件与PE决策具有很强的正相关性，因此良好的区域资源条件，会促进PE决策的做出，较差的区域资源条件则阻碍PE决策的做出。假设2.2成立。

**表8-8 区域资源条件与PE决策的相关分析**

| | | PE决策 | 区域资源条件 |
|---|---|---|---|
| PE决策 | Pearson Correlation | 1 | 0.805（**） |
| | Sig.（2-tailed） | — | 0.000 |
| | N | 209 | 209 |
| 区域资源条件 | Pearson Correlation | 0.805（**） | 1 |
| | Sig.（2-tailed） | 0.000 | — |
| | N | 209 | 209 |

注：**表示显著性水平小于0.01。

假设2.3：企业管理能力与PE决策正相关。较强的企业管理能力促进PE决策，较弱的企业管理能力阻碍PE决策的做出。

假设2.3的Pearson相关分析（Correlations）结果见表8-9。分析结果显示企业管理能力与PE决策相关系数为0.832，表明了企业管理能力与PE决策之间有很强的正相关性，因此较强的企业管理能力促进PE决策，较差的企业管理能力阻碍PE决策的做出。假设2.3成立。

**表8-9 企业管理能力与PE决策的相关分析**

| | | PE决策 | 企业管理能力 |
|---|---|---|---|
| PE决策 | Pearson Correlation | 1 | 0.832（**） |
| | Sig.（2-tailed） | — | 0.000 |
| | N | 209 | 209 |
| 企业管理能力 | Pearson Correlation | 0.832（**） | 1 |
| | Sig.（2-tailed） | 0.000 | — |
| | N | 209 | 209 |

注：**表示显著性水平小于0.01。

假设2.4：企业市场能力与PE决策正相关。较强的企业市场能力促进PE决策，较弱的企业市场能力阻碍PE决策的做出。

假设2.4的Pearson相关分析（Correlations）结果见表8－10。分析结果显示企业市场能力与PE决策相关系数为0.807，表明了企业市场能力与PE决策具有很强的正相关性，因此较强的企业市场能力促进PE决策，较差的企业市场能力阻碍PE决策的做出。假设2.4成立。

**表8－10　企业市场能力与PE决策的相关分析**

| | | PE决策 | 企业市场能力 |
|---|---|---|---|
| PE决策 | Pearson Correlation | 1 | 0.807（**） |
| | Sig.（2－tailed） | — | 0.000 |
| | N | 209 | 209 |
| 企业市场能力 | Pearson Correlation | 0.807（**） | 1 |
| | Sig.（2－tailed） | 0.000 | — |
| | N | 209 | 209 |

注：** 表示显著性水平小于0.01。

假设2.5：退出期望与PE决策正相关。良好的退出期望促进PE决策，较差的退出期望阻碍PE决策的做出。

假设2.5的Pearson相关分析（Correlations）结果见表8－11。表中结果显示退出期望与PE决策相关系数是0.908，表明了退出期望与PE决策具有很强的正相关性，因此，良好的退出期望促进PE决策，较差的退出期望阻碍PE决策的做出。假设2.5成立。

**表8－11　退出期望与PE决策的相关分析**

| | | PE决策 | 退出期望 |
|---|---|---|---|
| PE决策 | Pearson Correlation | 1 | 0.908（**） |
| | Sig.（2－tailed） | — | 0.000 |
| | N | 209 | 209 |
| 退出期望 | Pearson Correlation | 0.908（**） | 1 |
| | Sig.（2－tailed） | 0.000 | — |
| | N | 209 | 209 |

注：** 表示显著性水平小于0.01。

假设 2.6：区域经济政策与企业管理能力正相关。良好的区域经济政策能提升企业管理能力，较差的区域经济政策导致较差的企业管理能力。

假设 2.6 的 Pearson 相关分析（Correlations）结果见表 8－12。表中结果显示区域经济政策与企业管理能力相关系数是 0.012，显著性为 0.978。表明区域经济政策与企业管理能力不相关。拒绝假设 2.6。

**表 8－12　区域经济政策与企业管理能力的相关分析**

| | | 企业管理能力 | 区域经济政策 |
|---|---|---|---|
| 企业管理能力 | Pearson Correlation | 1 | 0.012 |
| | Sig. (2－tailed) | — | 0.978 |
| | N | 209 | 209 |
| 区域经济政策 | Pearson Correlation | 0.012 | 1 |
| | Sig. (2－tailed) | 0.978 | — |
| | N | 209 | 209 |

假设 2.7：区域资源条件与企业管理能力正相关。良好的区域资源条件能提升企业管理能力，较差的区域资源条件导致较差的企业管理能力。

假设 2.7 的 Pearson 相关分析（Correlations）结果见表 8－13。分析结果显示区域资源条件与企业管理能力相关系数为 0.021，显著性为 0.897，表明了区域资源条件与企业管理能力不相关，因此，区域资源条件的改善不能带来企业管理能力显著提升。拒绝假设 2.7。

**表 8－13　区域资源条件与企业管理能力的相关分析**

| | | 企业管理能力 | 区域资源条件 |
|---|---|---|---|
| 企业管理能力 | Pearson Correlation | 1 | 0.021 |
| | Sig. (2－tailed) | — | 0.897 |
| | N | 209 | 209 |
| 区域资源条件 | Pearson Correlation | 0.021 | 1 |
| | Sig. (2－tailed) | 0.897 | — |
| | N | 209 | 209 |

假设 2.8：区域经济政策与企业市场能力正相关。良好的区域经济政策能提升企业市场能力，较差的区域经济政策导致较差的企业市场能力。

假设2.8的Pearson相关分析（Correlations）结果见表8-14。表中结果显示区域经济政策与企业市场能力相关系数是0.007，显著性为0.865，表明了区域经济政策与企业市场能力不相关，因此区域经济政策的改善对企业市场能力的提升无显著影响。拒绝假设2.8。

**表8-14 区域经济政策与企业市场能力的相关分析**

| | | 企业市场能力 | 区域经济政策 |
|---|---|---|---|
| 企业市场能力 | Pearson Correlation | 1 | 0.007 |
| | Sig.（2-tailed） | — | 0.865 |
| | N | 209 | 209 |
| 区域经济政策 | Pearson Correlation | 0.007 | 1 |
| | Sig.（2-tailed） | 0.865 | — |
| | N | 209 | 209 |

假设2.9：区域资源条件与企业市场能力正相关。良好的区域资源条件能提升企业市场能力，较差的区域资源条件导致较差的企业市场能力。

假设2.9的Pearson相关分析（Correlations）结果见表8-15。分析结果显示区域资源条件与企业市场能力相关系数为0.013，显著性为0.921，表明了区域资源条件与企业市场能力不相关，因此区域资源条件的状况与企业市场能力无显著关系。拒绝假设2.9。

**表8-15 区域资源条件与企业市场能力的相关分析**

| | | 企业市场能力 | 区域资源条件 |
|---|---|---|---|
| 企业市场能力 | Pearson Correlation | 1 | 0.013 |
| | Sig.（2-tailed） | — | 0.921 |
| | N | 209 | 209 |
| 区域资源条件 | Pearson Correlation | 0.013 | 1 |
| | Sig.（2-tailed） | 0.921 | — |
| | N | 209 | 209 |

假设2.10：区域经济政策与退出期望正相关。良好的区域经济政策有较好的退出期望，较差的区域经济政策导致较差的退出期望。

假设2.10的Pearson相关分析（Correlations）结果见表8-16。分析结果显示区域经济政策与退出期望相关系数为0.846，表明了区域经济政策与退出期望具有很强的正相关性，较好的区域经济政策能导致较好的退出期望。假设2.10成立。

表8-16　区域经济政策与退出期望的相关分析

| | | 退出期望 | 区域经济政策 |
|---|---|---|---|
| 退出期望 | Pearson Correlation | 1 | 0.846（**） |
| | Sig.（2-tailed） | — | 0.000 |
| | N | 209 | 209 |
| 区域经济政策 | Pearson Correlation | 0.846（**） | 1 |
| | Sig.（2-tailed） | 0.000 | — |
| | N | 209 | 209 |

注：** 表示显著性水平小于0.01。

假设2.11：区域资源条件与退出期望正相关。良好的区域资源条件有较好的退出期望，较差的区域资源条件导致较差的退出期望。

假设2.11的Pearson相关分析（Correlations）结果见表8-17。分析结果显示区域资源条件与退出期望相关系数为0.878，表明区域资源条件与退出期望显著相关，区域资源条件的改善会增强投资者的退出期望。假设2.11成立。

表8-17　区域资源条件与退出期望的相关分析

| | | 退出期望 | 区域资源条件 |
|---|---|---|---|
| 退出期望 | Pearson Correlation | 1 | 0.878（**） |
| | Sig.（2-tailed） | — | 0.000 |
| | N | 209 | 209 |
| 区域资源条件 | Pearson Correlation | 0.878（**） | 1 |
| | Sig.（2-tailed） | 0.000 | — |
| | N | 209 | 209 |

注：** 表示显著性水平小于0.01。

假设2.12：企业管理能力与退出期望正相关。较强的企业管理能力导致较好的退出期望，较差的企业管理能力导致较差的退出期望。

假设2.12的Pearson相关分析（Correlations）结果见表8-18。分析结果显示企业管理能力与退出期望相关系数为0.798，表明企业管理能力与退出期望显著相关，企业管理能力的提高会增强投资者的退出期望。假设2.12成立。

表 8-18 企业管理能力与退出期望的相关分析

| | | 退出期望 | 企业管理能力 |
|---|---|---|---|
| 退出期望 | Pearson Correlation | 1 | 0.798（**） |
| | Sig.（2-tailed） | — | 0.000 |
| | N | 209 | 209 |
| 企业管理能力 | Pearson Correlation | 0.798（**） | 1 |
| | Sig.（2-tailed） | 0.000 | — |
| | N | 209 | 209 |

注：** 表示显著性水平小于 0.01。

假设 2.13：企业市场能力与退出期望正相关。较强的企业市场能力导致较好的退出期望，较差的企业市场能力导致较差的退出期望。

假设 2.13 的 Pearson 相关分析（Correlations）结果见表 8-19。表中显示企业市场能力与退出期望相关系数为 0.813，表明企业市场能力与退出期望显著相关，企业市场能力的提高会增强投资者的退出期望。假设 2.13 成立。

表 8-19 企业市场能力与退出期望的相关分析

| | | 退出期望 | 企业市场能力 |
|---|---|---|---|
| 退出期望 | Pearson Correlation | 1 | 0.813（**） |
| | Sig.（2-tailed） | — | 0.000 |
| | N | 209 | 209 |
| 企业市场能力 | Pearson Correlation | 0.813（**） | 1 |
| | Sig.（2-tailed） | 0.000 | — |
| | N | 209 | 209 |

注：** 表示显著性水平小于 0.01。

至此，第七章提出的假设 2.1～2.13 已验证完毕，支持假设 2.1～2.5、假设 2.10～2.13，拒绝假设 2.6～2.9。下一节将对通过相关性检验的假设进行进一步验证。

## 第五节 多元线性回归分析

本节运用多元线性回归对通过相关性分析假设做进一步的分析。表 8-20 至表 8-21 是假设 2.1～2.5 和假设 2.10～2.13 的各种回归模型的运算结果。

## 一、解释变量、中介变量与被解释变量之间的关系

关于解释变量、中介变量与PE决策之间关系的验证，从表8-20模型1～模型5的回归结果可以看出，区域经济政策、区域资源条件、企业管理能力、企业市场能力和退出期望对PE决策具有显著的影响，在模型5中回归系数β分别为0.105、0.112、0.223、0.123、0.141，p值分别在0.01和0.05之间。其中，企业管理能力和退出期望的显著性水平为0.01，其他各解释变量对PE决策的显著性均为0.05。因此，假设2.1到假设2.5得到了进一步验证。具体来讲，区域经济政策与PE决策正相关，良好的区域经济政策促进PE决策，较差的区域经济政策阻碍做出PE决策；区域资源条件与PE决策正相关，良好的区域资源条件促进PE决策，较差的区域资源条件阻碍做出PE决策；企业管理能力与PE决策正相关，较强的企业管理能力促进PE决策，较弱的企业管理能力阻碍做出PE决策；企业市场能力与PE决策正相关。较强的企业市场能力促进PE决策，较弱的企业市场能力阻碍做出PE决策；退出期望与PE决策正相关，良好的退出期望促进PE决策，较差的退出期望阻碍做出PE决策。

**表8-20 解释变量、中介变量与PE决策的回归结果**

| 变量 | 模型1 | 模型2 | 模型3 | 模型4 | 模型5 |
|---|---|---|---|---|---|
| 区域经济政策 | 0.323* | 0.278* | 0.193* | 0.130* | 0.105* |
| 区域资源条件 | — | 0.235* | 0.169* | 0.123* | 0.112* |
| 企业管理能力 | — | — | 0.274** | 0.257** | 0.223** |
| 企业市场能力 |  | — | — | 0.179* | 0.123* |
| 退出期望 | — | — | — | — | 0.141** |
| 管理资金规模 | 0.092* | 0.066* | 0.053* | 0.042* | 0.039* |
| 企业成立年数 | -0.111 | -0.151 | -0.121 | -0.124 | -0.122 |
| 企业所在区域 | -0.101 | -0.091 | -0.087 | -0.085 | -0.078 |
| 投资阶段 | 0.121 | 0.078 | 0.064 | 0.051 | 0.046 |
| $R^2$ | 0.387 | 0.365 | 0.343 | 0.382 | 0.377 |
| 调整$R^2$ | 0.337 | 0.343 | 0.324 | 0.377 | 0.354 |
| F | 12.875** | 12.867** | 12.780** | 12.793** | 12.891** |

注：**表示在$p<0.01$水平下显著；*表示在$p<0.05$水平下显著。

## 二、解释变量与中介变量之间的关系

在相关性分析中，拒绝了假设2.6～2.9，即区域经济政策、区域资源条件与企业管理能力、企业市场能力不相关，因此，原假设企业管理能力、企业市场能力作为中介变量是不成立的。企业管理能力、企业市场能力只是解释变量，只有退出期望既是解释变量，又是中介变量。因此，解释变量区域经济政策、区域资源条件、企业管理能力、企业市场能力与中介变量退出期望之间的关系，从表8－21的回归结果得到验证。表8－21中模型4的回归结果显示，区域经济政策、区域资源条件、企业管理能力、企业市场能力对退出期望具有显著的作用，在模型4中，回归系数β分别为0.130、0.119、0.122、0.103，p值均为0.05。因此，假设2.10～2.13得到了验证，改善区域经济政策、区域资源条件，提高企业管理能力、企业市场能力，对PE的退出期望有显著提升。

**表8－21　解释变量与中介变量退出期望的回归结果**

| 变量 | 模型1 | 模型2 | 模型3 | 模型4 |
|---|---|---|---|---|
| 区域经济政策 | 0.257* | 0.178* | 0.133* | 0.130* |
| 区域资源条件 | — | 0.162* | 0.121* | 0.119* |
| 企业管理能力 | — | — | 0.132 | 0.122* |
| 企业市场能力 | — | — | — | 0.103* |
| 管理资金规模 | 0.133* | 0.116* | 0.111* | 0.093* |
| 企业成立年数 | －0.138 | －0.133 | －0.135 | －0.129 |
| 企业所在区域 | －0.121 | －0.118 | －0.118 | －0.109 |
| 投资阶段 | 0.053 | 0.024 | 0.019 | 0.018 |
| $R^2$ | 0.379 | 0.335 | 0.387 | 0.375 |
| 调整$R^2$ | 0.358 | 0.331 | 0.356 | 0.343 |
| F | 12.389** | 12.257** | 12.695** | 12.783** |

注：**表示在 $p<0.01$ 水平下显著；*表示在 $p<0.05$ 水平下显著。

以上的实证研究结果，支持了假设2.1～2.5、假设2.10～2.13，拒绝了假设2.6～2.9，下一节对剩余的假设进行检验。

## 第六节　结构方程模型分析

本节在相关分析和多元线性回归分析的基础上，运用结构方程来验证其余的假设。由于假设2.6~2.9被拒绝，由此引申出的假设2.14~2.17也没有了验证的必要。因此，本节将验证假设2.18、假设2.19。

假设2.18：区域经济政策和区域资源条件会直接影响PE决策，并通过作用于退出期望间接影响PE决策。

依据前文理论分析和实证分析结果，提出假设2.18的检验模型，如图8-1所示。

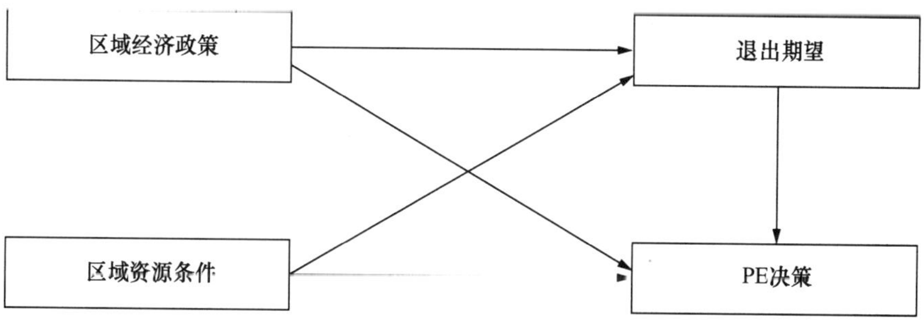


**图8-1 假设2.18的结构方程模型**

在图8-1所示的结构方程模型中，区域经济政策和区域资源条件都是外源变量，起到自变量的作用，而退出期望和PE决策是内生变量，受到自变量和其他内生变量的作用影响。对以上模型用AMOS 17.0软件分析的结果如图8-2所示：

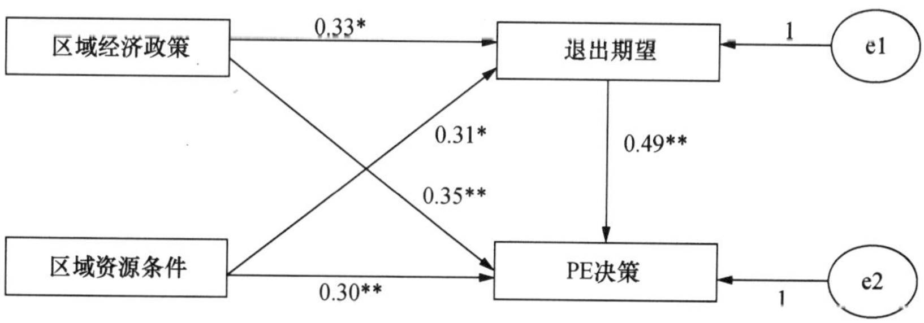


**图8-2 假设2.18结构方程模型的分析结果（** p<0.01；* p<0.05）**

图8-2分析结果显示，区域经济政策、区域资源条件和退出期望三个因素对PE决策均有显著的直接影响，而且区域经济政策、区域资源条件还通过作用于退出期望而间接影响PE决策。区域经济政策、区域资源条件对退出期望的影响分别为0.33和0.31。

对于该模型拟合评价分析结果如表 8 – 22 所示。

**表 8 – 22　假设 2. 18 结构方程模型拟合结果**

| 拟合优度指标 | $\chi^2$ | $df$ | $\chi^2/df$ | GFI | AGFI | NFI | CFI | RMSEA |
|---|---|---|---|---|---|---|---|---|
| 衡量标准 | — | — | <3 | >0. 90 | >0. 80 | >0. 90 | >0. 90 | <0. 08 |
| 模型指标 | 1179. 33 | 513 | 2. 299 | 0. 932 | 0. 901 | 0. 923 | 0. 932 | 0. 054 |

从表 8 – 22 的拟合结果可以看出，上述主要拟合优度指标均符合标准，从而表明假设 2. 18 结构方程模型的拟合是良好的。假设 2. 18 得到验证。

假设 2. 19：企业管理能力、企业市场能力会直接影响 PE 决策，并通过作用于退出期望间接影响 PE 决策。

依据前文理论分析和实证分析结果，提出假设 2. 19 的检验模型，如图 8 – 3 所示。

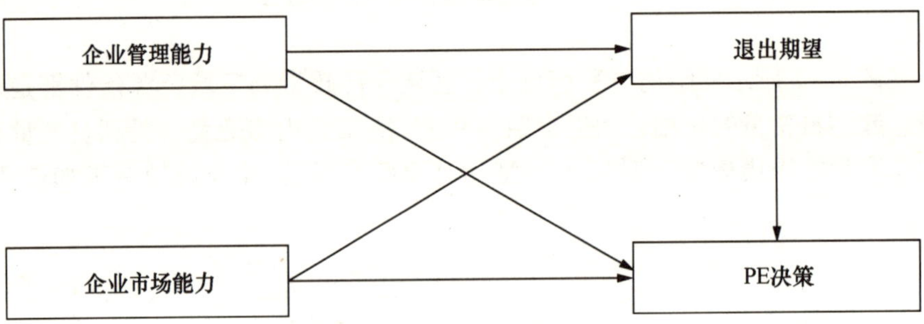


**图 8 – 3　假设 2. 19 的结构方程模型**

在图 8 – 3 所示的结构方程模型中，企业管理能力和企业市场能力是外源变量，退出期望和 PE 决策是内生变量。对以上模型用 AMOS 17. 0 软件进行了分析，具体的模型参数分析结果如图 8 – 4 所示。

图 8 – 4 分析结果显示，企业管理能力、企业市场能力和退出期望三个因素对 PE 决策均有显著的直接影响，企业管理能力、企业市场能力还通过作用于退出期望而间接影响 PE 决策。企业管理能力、企业市场能力对退出期望的影响分别为 0. 41 和 0. 39。对于该模型拟合评价分析结果如表 8 – 23 所示。

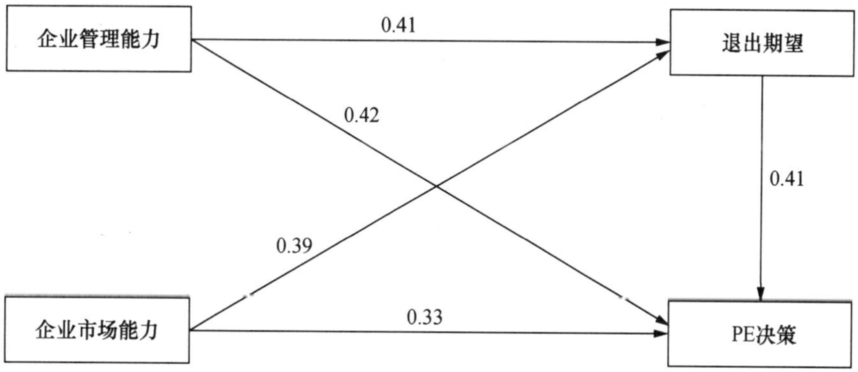


**图8－4　假设2.19结构方程模型的分析结果**

**表8－23　假设2.19结构方程模型拟合结果**

| 拟合优度指标 | $\chi^2$ | $df$ | $\chi^2/df$ | GFI | AGFI | NFI | CFI | RMSEA |
|---|---|---|---|---|---|---|---|---|
| 衡量标准 | | | <3 | >0.90 | >0.80 | >0.90 | >0.90 | <0.08 |
| 模型指标 | 1103.093 | 512 | 2.1 | 0.913 | 0.931 | 0.905 | 0.903 | 0.054 |

从表8－23的拟合结果可以看出，上述主要拟合优度指标均符合标准，从而表明假设2.19结构方程模型的拟合是良好的。假设2.19得到验证。

对于第七章提出的概念模型6，即区域经济政策、区域资源条件、企业管理能力、企业市场能力、退出期望与PE决策之间关系的概念模型，运用AMOS 17.0软件进行了分析，得到了修正的结构方程模型，修正模型及参数分析结果如图8－5所示。

图8－5分析结果显示，区域经济政策、区域资源条件、企业管理能力、企业市场能力和退出期望五个因素对PE决策均有显著的直接影响，区域经济政策、区域资源条件、企业管理能力、企业市场能力还通过作用于退出期望而间接影响PE决策。对于该模型拟合评价分析结果如表8－24所示。

**表8－24　结构方程模型拟合结果**

| 拟合优度指标 | $\chi^2$ | $df$ | $\chi^2/df$ | GFI | AGFI | NFI | CFI | RMSEA |
|---|---|---|---|---|---|---|---|---|
| 衡量标准 | | | <3 | >0.90 | >0.80 | >0.90 | >0.90 | <0.08 |
| 模型指标 | 1231.33 | 873 | 1.4 | 0.903 | 0.912 | 0.911 | 0.931 | 0.033 |

由图8－5及表8－24得知，结构方程模型的拟合较好。

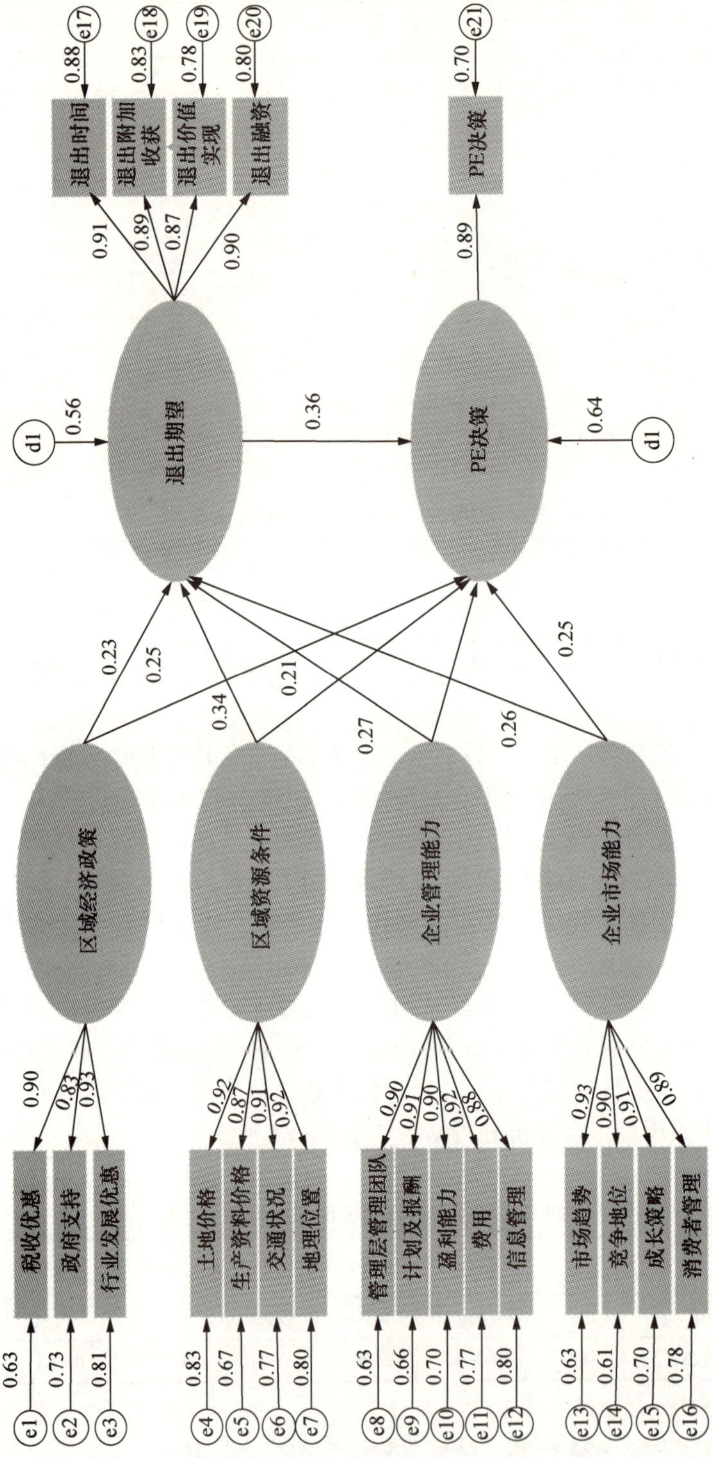


图 8-5 结构方程拟合模型

## 第七节　实证结果讨论

本章运用第四章提出的研究方法，对第七章提出的概念模型、假设和变量进行了实证检验。实证结果表明，在PE阶段，影响民间资本背景PE决策的五个影响因素——“区域经济政策”、“区域资源条件”、“企业管理能力”、“企业市场能力”、“退出期望”及被解释变量“PE决策”通过了信度和效度检验，作为解释变量和被解释变量是可靠的。

进一步的相关性分析结果显示，区域经济政策与PE决策正相关，良好的区域经济政策促进PE决策，较差的区域经济政策阻碍做出PE决策；区域资源条件与PE决策正相关，良好的区域资源条件促进PE决策，较差的区域资源条件阻碍做出PE决策；企业管理能力与PE决策正相关，较强的企业管理能力促进PE决策，较弱的企业管理能力阻碍做出PE决策；企业市场能力与PE决策正相关，较强的企业市场能力促进PE决策，较弱的企业市场能力阻碍做出PE决策；退出期望与PE决策正相关，良好的退出期望促进PE决策，较差的退出期望阻碍做出PE决策。第七章提出的关于解释变量和被解释变量之间的假设2.1~2.5得到了验证和支持。

对于解释变量与中介变量两者关系的假设，经相关性分析，结果显示：区域经济政策与退出期望正相关，良好的区域经济政策有较好的退出期望，较差的区域经济政策导致较差的退出期望；区域资源条件与退出期望正相关，良好的区域资源条件有较好的退出期望，较差的区域资源条件导致较差的退出期望；企业管理能力与退出期望正相关，较强的企业管理能力导致较好的退出期望，较差的企业管理能力导致较差的退出期望；企业市场能力与退出期望正相关，较强的企业市场能力导致较好的退出期望，较差的企业市场能力导致较差的退出期望。假设2.10~2.13得到了验证和支持。

而区域经济政策与企业管理能力经检验无关、区域资源条件与企业管理能力经检验无关、区域经济政策与企业市场能力经检验无关、区域资源条件与企业市场能力经检验无关，拒绝了假设2.6~2.9。即区域经济政策、区域资源条件不对企业管理能力和企业市场能力造成影响。

对于中介变量之间，中介变量与解释变量、被解释变量之间的关系，经相关性分析和结构方程分析显示区域经济政策、区域资源条件会直接影响PE决策，并通过退出期望间接影响PE决策；企业管理能力、企业市场能力会直接影响PE决策，并通过退出期望间接影响PE决策。

至此，第七章提出的19个假设全部验证完毕，支持11个，拒绝8个，具体情况如表8－25所示：

**表8－25　民间资本背景PE决策假设及验证结果**

| 假设 | 验证结果 |
| --- | --- |
| 假设2.1：区域经济政策与PE决策正相关。良好的区域经济政策促进PE决策，较差的区域经济政策阻碍PE决策的做出 | 支持 |
| 假设2.2：区域资源条件与PE决策正相关。良好的区域资源条件促进PE决策，较差的区域资源条件阻碍PE决策的做出 | 支持 |
| 假设2.3：企业管理能力与PE决策正相关。较强的企业管理能力促进PE决策，较弱的企业管理能力阻碍PE决策的做出 | 支持 |
| 假设2.4：企业市场能力与PE决策正相关。较强的企业市场能力促进PE决策，较弱的企业市场能力阻碍PE决策的做出 | 支持 |
| 假设2.5：退出期望与PE决策正相关。良好的退出期望促进PE决策，较差的退出期望阻碍PE决策的做出 | 支持 |
| 假设2.6：区域经济政策与企业管理能力正相关。良好的区域经济政策能提升企业管理能力，较差的区域经济政策导致较差的企业管理能力 | 拒绝 |
| 假设2.7：区域资源条件与企业管理能力正相关。良好的区域资源条件能提升企业管理能力，较差的区域资源条件导致较差的企业管理能力 | 拒绝 |
| 假设2.8：区域经济政策与企业市场能力正相关。良好的区域经济政策能提升企业市场能力，较差的区域经济政策导致较差的企业市场能力 | 拒绝 |
| 假设2.9：区域资源条件与企业市场能力正相关。良好的区域资源条件能提升企业市场能力，较差的区域资源条件导致较差的企业市场能力 | 拒绝 |
| 假设2.10：区域经济政策与退出期望正相关。良好的区域经济政策有较好的退出期望，较差的区域经济政策导致较差的退出期望 | 支持 |
| 假设2.11：区域资源条件与退出期望正相关。良好的区域资源条件有较好的退出期望，较差的区域资源条件导致较差的退出期望 | 支持 |
| 假设2.12：企业管理能力与退出期望正相关。较强的企业管理能力导致较好的退出期望，较差的企业管理能力导致较差的退出期望 | 支持 |
| 假设2.13：企业市场能力与退出期望正相关。较强的企业市场能力导致较好的退出期望，较差的企业市场能力导致较差的退出期望 | 支持 |
| 假设2.14：区域经济政策会影响企业管理能力，并通过企业管理能力间接影响PE决策 | 拒绝 |

续表

| 假设 | 验证结果 |
| --- | --- |
| 假设2.15：区域资源条件会影响企业管理能力，并通过企业管理能力间接影响PE决策 | 拒绝 |
| 假设2.16：区域经济政策会影响企业市场能力，并通过企业市场能力间接影响PE决策 | 拒绝 |
| 假设2.17：区域资源条件会影响企业市场能力，并通过企业市场能力间接影响PE决策 | 拒绝 |
| 假设2.18：区域经济政策和区域资源条件会直接影响PE决策，并通过作用于退出期望间接影响PE决策 | 支持 |
| 假设2.19：企业管理能力、企业市场能力会直接影响PE决策，并通过作用于退出期望间接影响PE决策 | 支持 |

## 第八节 本章小结

本章对第七章提出的概念模型和研究假设进行了实证验证。对于收集到的问卷数据进行了信度和效度检验，验证了第七章所涉及的被解释变量、解释变量、中介变量的可靠性。在此基础上，还进行了第七章所提出的变量之间相互关系及影响的相关性分析、多元回归分析和结构方程分析。实证结果表明：支持第七章所提出的假设2.1~2.5、假设2.10~2.13、假设2.18、假设2.19解释变量、中介变量与被解释变量之间、部分解释变量与中介变量之间的相关关系，即“区域经济政策”、“区域资源条件”、“企业管理能力”、“企业市场能力”、“退出收益”对“PE决策”产生显著影响，其中“区域经济政策”、“区域资源条件”、“企业管理能力”、“企业市场能力”又通过对“退出收益”的作用而间接影响“PE决策”。

拒绝了假设2.6~2.9、假设2.14~2.17中介变量与解释变量之间的相关关系，即“区域经济政策”、“区域资源条件”对“企业管理能力”和“企业市场能力”无显著影响。支持了解释变量通过中介变量影响被解释变量的结构方程模型（假设2.18、假设2.19），即“区域经济政策”、“区域资源条件”、“企业管理能力”、“企业市场能力”通过中介变量退出期望对PE决策发挥作用。

# 第九章　退出阶段：民间资本背景的 PE 退出影响因素概念模型与假设

在 PE 退出阶段，受 PE 机构自身的投资经验和知识结构、价值观念的影响，不同背景的 PE 机构退出决策的观念、习惯、方式具有不同的特征。本章分析 PE 退出阶段，影响民间资本背景的 PE 公司退出决策的因素及其相互关系，构建 PE 退出阶段，民间资本背景的 PE 公司退出决策影响因素的概念模型，并依据理论分析和概念模型提出研究假设，设置相关变量。本章所研究的 PE 机构，均为具有民间资本背景的 PE 机构。为简化叙述，以下统一简称为“PE 公司”。

## 第一节　PE 退出决策的概念模型

很多学者对 PE 退出的影响因素进行了评估和研究，退出是 PE 的重要阶段。通过退出，PE 才能获利，因此退出能否被预见到，是 PE 的重要参考因素（Cumming 和 Machintosh，2003）。退出受各种各样因素的影响，张旭波（2009）提出了一个退出影响因素的评估量表（见表 9－1），对退出收入、退出成本、支付方式、环境、相关人员和市场容量进行了评价。

表 9－1　PE 退出评价指标及其解释

| 一级指标 | 二级指标 | 评分解释 |
|---|---|---|
| 退出收入 | 账户收入 | 退出所获得的账户收入 |
| | 声誉收益 | 退出对声誉的影响 |
| | 网络收益 | 退出所获得的人际网络资源 |
| 退出成本 | 交易成本 | 退出交易支付的成本 |
| | 时间成本 | 退出交易花费的时间 |
| | 激励成本 | 退出所额外支付的激励成本 |

续表

| 一级指标 | 二级指标 | 评分解释 |
|---|---|---|
| 支付方式 | 支付的即时性 | 支付资产的即时性 |
| | 支付的流动性 | 支付资产的流动性 |
| 环境 | 法律环境 | 退出方式的法律环境 |
| | 经济环境 | 退出方式的经济环境 |
| | 资本市场 | 资本市场对退出的影响 |
| | 市场信誉 | 市场信誉对退出的影响 |
| 相关人员 | 其他股东 | 其他股东的态度 |
| | 管理层 | 企业管理层的态度 |
| | 员工 | 企业其他员工的态度 |
| | 顾问 | 聘请退出顾问的态度 |
| 市场容量 | 退出渠道的容量 | 潜在的购买者及购买资金的容量 |
| | 退出渠道的效率 | 退出效率的高低 |

虽然张旭波（2009）的评价指标体系非常详细，但是，从短期来看，法律环境的变化不大，且对所有企业的影响是一样的，因此，可以剔除这个因素；而退出收益和成本两个因素均与退出净收益直接相关，可以合并为退出净收益进行测量；另外，考虑到对退出渠道用市场容量来描述不能完全表达意思，仍改回用退出渠道来表述。基于这些考虑，本书对表9－1中张旭波（2009）提出的退出影响因素进行了调整，形成了调查问卷，在预测试阶段征求了测试PE公司高管的建议，形成了最终的问卷。本章测试的民间资本背景的PE退出的影响因素，正是经历了以上反复的过程而最后确定的。PE退出影响因素见表9－2：

**表9－2 PE退出影响因素及其解释**

| 一级指标 | 二级指标 | 评分解释 |
|---|---|---|
| 退出净收益 | 会计收入 | 退出所获得的账面收入 |
| | 声誉收益 | 退出对声誉的正面影响 |
| | 网络收益 | 退出所获得的人际网络资源 |
| 支付方式 | 支付的即时性 | 支付资产的即时性 |
| | 支付的流动性 | 支付资产的流动性 |
| 环境 | 经济环境 | 退出方式的经济环境 |
| | 资本市场 | 资本市场对退出的影响 |
| | 市场信誉 | 市场信誉对退出的影响 |

续表

| 一级指标 | 二级指标 | 评分解释 |
| --- | --- | --- |
| 相关人员 | 其他股东 | 其他股东的态度 |
| | 管理层 | 企业管理层的态度 |
| | 顾问 | 聘请退出顾问的态度 |
| 退出渠道 | 退出渠道的容量 | 潜在的购买者及购买资金的容量 |
| | 退出渠道的效率 | 退出效率的高低 |

民间资本背景的 PE 公司，既是 PE 机构中的一员，具有 PE 机构的共性特征，又带有民间资本本身的特性。因此，民间资本背景 PE 的投资决策，在中国目前的经济和政治环境下，具有不同于其他 PE 的特征。民间资本背景的 PE 决策，主要受到五个方面因素的影响：一是退出净收益，退出的账面收益、声誉收益和人际网络收益的不同，会给退出带来不同的收益；二是支付方式，退出的收益能否及时获得，以及收益的流动性是重要的考虑方面；三是环境，主要包括经济环境、资本市场的发展程度和当地的市场信誉状况；四是相关人员，主要包括其他股东、管理层、顾问等人员对于退出所持有的态度和发挥的作用；五是退出渠道，主要包括退出渠道的容量和退出渠道效率的高低。

在这些因素中，有 PE 可以主观决定的，如退出净收益，也有 PE 无法主观决定，只能被动选择的，如支付方式、环境、相关人员和退出渠道。这些因素中，退出净收益、支付方式、环境、相关人员和退出渠道会对 PE 退出产生直接的影响。据此，提出本章的第一个概念模型，见图 9－1：

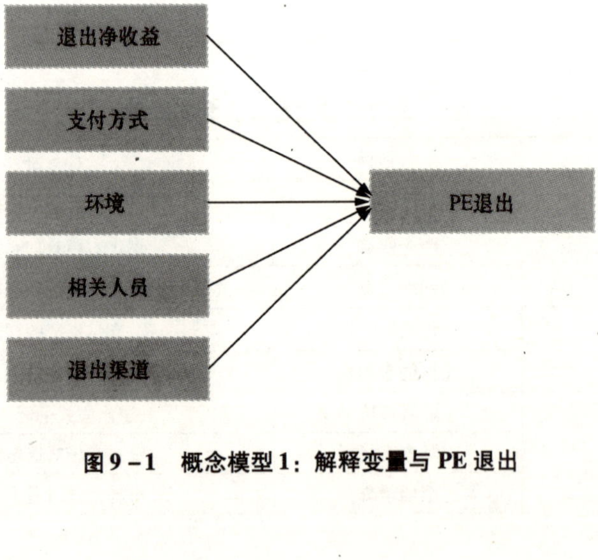


**图 9－1　概念模型 1：解释变量与 PE 退出**

其中，支付方式、环境、相关人员和退出渠道又通过作用于退出净收益间接影响 PE 退出。因此，退出净收益既是解释变量，又是中介变量，PE 退出则是被解释变量。据此，构建退出阶段，PE 退出的第 2 个概念模型，以描述退出净收益作为中介变量与解释变量支付方式、环境、相关人员、退出渠道及被解释变量 PE 退出的关系，具体模型见图 9 –2：

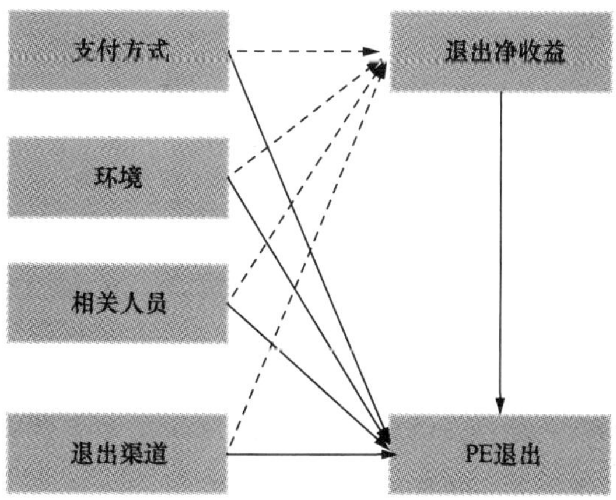


**图 9 –2 概念模型 2：退出影响因素的概念模型**

# 第二节 研究假设

## 一、退出净收益、支付方式、环境、相关人员、退出渠道与 PE 退出

退出净收益的不同，会直接影响到 PE 退出决策的做出。退出净收益越高，越有助于 PE 退出。因此，提出假设 3. 1：

假设 3. 1：退出净收益与 PE 退出正相关。较高的退出净收益促进 PE 退出，较低的退出净收益阻碍 PE 退出。

退出交易的支付方式，影响到退出收益的质量。即时支付的交易，可以减少未来的不确定性，非即时支付的交易，则有可能在未来外部条件发生变化而遭受损失。支付的流动性也是支付方式中需要考虑的重要因素。流动性好的支付方式，有利于 PE 及时获得收益，从而影响退出决策。据此，提出假设 3. 2：

假设 3. 2：支付方式与 PE 退出正相关。良好的支付方式促进 PE 退出，较差的支付方式阻碍 PE 退出。

环境也是影响退出的重要因素。外部的经济环境较好，PE 退出交易就容易实现，有利于 PE 退出；资本市场发达，有利于 PE 通过上市从资本市场退出，资本市场不发达，PE 只能通过并购、回购、转让等其他方式退出，增加了退出的交易成本。市场信誉的好坏也是影响退出的重要因素。在一个信誉较好的地区，投资者之间容易建立相互信任的关系，从而减少了退出的交易成本。因此，良好的环境有助于 PE 退出。据此，提出假设 3.3：

假设 3.3：环境与 PE 退出正相关。良好的环境促进 PE 退出，较差的环境阻碍 PE 退出。

相关人员是指退出相关的其他股东、投资组合公司的管理层和退出时所聘请的退出顾问。相关人员的态度对 PE 退出影响较大。其他股东对退出安排的意见、企业管理层对退出的意见以及退出顾问对管理层的意见都会影响到 PE 退出时的股权安排和退出方式的选择，从而影响到退出收益的获得。因此，相关人员的支持有利于 PE 的退出，而相关人员的反对则阻碍 PE 的退出。据此，提出假设 3.4：

假设 3.4：相关人员的支持与 PE 退出正相关。相关人员的支持促进 PE 退出，相关人员的反对阻碍 PE 退出。

退出渠道的容量和方式的选择也会影响 PE 退出。退出渠道的容量大，市场中的潜在购买资金和购买者较多，PE 退出就较容易；退出渠道的容量小，市场中潜在的购买者和购买资金较少，PE 退出就较困难。退出渠道效率的高低也会影响 PE 的退出。因此，提出假设 3.5：

假设 3.5：退出渠道与 PE 退出正相关。良好的退出渠道有利于 PE 退出，较差的退出渠道阻碍 PE 退出。

## 二、支付方式、环境、相关人员、退出渠道与退出净收益

即时性、流动性较好的支付方式，有利于 PE 获得较优质的退出收益，而即时性、流动性较差的支付方式，不利于 PE 获得好的退出收益。据此，提出假设 3.6：

假设 3.6：支付方式与退出净收益正相关。良好的支付方式提升退出净收益，较差的支付方式降低退出净收益。

环境对退出净收益也有较大的影响，较好的经济环境、资本市场和市场信誉，有利于 PE 退出交易的顺利实现，为退出带来较好的收益。据此，提出假设 3.7：

假设 3.7：环境与退出净收益正相关。良好的环境能提升退出净收益，较差的环境能降低退出净收益。

相关人员对退出净收益产生影响。其他股东、企业管理层和顾问如不支持退出，就会在退出的过程中，寻求自我价值最大的退出方案，这些方案可能并不适

合PE，因而，可能会对退出收益造成不利影响，若相关人员支持PE退出，则会促进退出交易的完成，从而使PE获得较好的收益。据此，提出假设3.8：

假设3.8：相关人员的支持与退出净收益正相关。相关人员越是支持退出，退出净收益越高；反之，退出净收益越低。

退出渠道的容量较大，存在较多的潜在投资者和资金，退出交易较容易寻找到出价高的投资者，因而退出净收益较高，退出效率较高，会使PE在退出时节约成本，从而提高退出净收益。据此，提出假设3.9：

假设3.9：退出渠道与退出净收益正相关。良好的退出渠道能提升退出净收益，较差的退出渠道降低退出净收益。

## 三、支付方式、环境、相关人员、退出渠道与退出净收益及PE退出

支付方式的优劣，会影响到退出的净收益的高低。即时性、流动性好的支付方式能使PE退出获得好的净收益，从而间接促进了PE退出。即时性、流动性差的支付方式减少PE退出获得的净收益，从而间接阻碍了PE退出。据此，提出假设3.10：

假设3.10：支付方式直接影响PE退出，并通过作用于退出净收益，间接影响PE退出。

环境是经济环境、资本市场发展状况和市场信誉的综合。投资者愿意到综合环境较好的地区投资，环境较好地区的股权交易较为容易，产权的交易成本较低，从而增加了PE退出净收益。综合环境差的地区，产权交易市场不发达，产权交易成本高，从而降低了退出的净收益。据此，提出假设3.11：

假设3.11：环境直接影响PE退出，并通过作用于退出净收益，间接影响PE退出。

与退出相关的其他股东、企业管理层和聘请的退出顾问对退出的支持与否会影响退出的顺利进行。相关人员支持PE退出，减少了退出过程的摩擦和费用，从而增加了退出净收益，并进而促进PE退出。其他股东、企业管理层和聘请的顾问不支持PE退出，就会在退出过程中制造麻烦，增加了退出过程的摩擦和阻力，从而降低了退出的净收益，进而影响到PE退出。据此，提出假设3.12：

假设3.12：相关人员的支持不但直接影响PE退出，而且通过作用于退出净收益，间接影响PE退出。

退出渠道的容量和效率，对退出交易的顺利进行产生影响，退出渠道容量大，交易效率高，市场上存在较多的准备“接盘”的潜在投资者和资金，寻找退出交易者的成本较低，退出容易获得较好的净收益，间接促进PE退出；退出渠道的容量小，交易效率低，退出时寻找交易对象的成本相对较高，降低了退出

净收益，从而间接阻碍了 PE 退出。据此，提出假设 3.13：

假设 3.13：退出渠道不但直接影响 PE 退出，而且通过作用于退出净收益，间接影响 PE 退出。

## 第三节 被解释变量

在 PE 退出阶段，内外部因素对民间资本背景的 PE 退出的影响有不同的特征。PE 退出是 PE 公司在外部因素和内部因素共同作用下形成的结果，反映了市场对特定地区、特定行业、特定企业 PE 的综合评价，以及 PE 公司本身的特质。因此，研究选择“PE 退出”作为退出阶段的被解释变量。

由于“PE 退出”是一个综合的指标，既涉及退出的数量，又涉及退出过程的难易程度，无法用单一的标准来衡量，只能运用多个题项进行描述，以反映民间资本背景的 PE 退出的特征。为此，本书从三个方面对 PE 退出进行描述：一是退出的数量。退出数量的多少是 PE 退出的重要特征，退出数量的多寡反映了退出实现情况。在这个方面，本书设置了“近三年来，退出数量”一个题项，以被调查者的视角，来描述近三年来 PE 退出的数量是“减少很多”、“减少一些”、“基本不变”、“增加一些”、“增加很多”，并分别赋予 1、2、3、4、5 的分值。二是退出的难易程度。难易程度反映了 PE 退出的客观环境，是退出的主要特征。这个方面本书设置了“近三年来，退出较容易”一个题项，以被调查者的视角来观察，在其他条件相同的情况下，“非常不同意”、“不同意”、“不确定”、“同意”、“非常同意”，并分别赋予 1、2、3、4、5 的分值。三是退出的主观意愿。即退出是 PE 的主动行为，还是被动举措。主观意愿也是退出的一个重要特征，反映了 PE 对退出的真实想法。对于这个方面的衡量，本书设置了“近三年来，退出全部是主动的”一个题项，以被调查者的视角来观察，在其他条件相同的情况下，“非常不同意”、“不同意”、“不确定”、“同意”、“非常同意”，并分别赋予 1、2、3、4、5 的分值。由此，本书将 PE 退出指标设计成一个动态的相对值，既可以衡量近三年 PE 退出情况，又可以与解释变量的时间相匹配。

## 第四节 解释变量

在退出阶段，有很多因素对私募股权退出发生作用。依据前文的论述，这些因素包括退出净收益、支付方式、环境、相关人员、退出渠道五个方面。考虑到中国民间资本特征及中国目前经济环境的特点，设置了五个解释变量对这五个方面的因素进行描述，设计了多个题项对这五个变量进行测量，各变量及其测量指标分述如下。

## 一、支付方式

支付方式是退出收益的流动性和即时性的综合反映。对此，本书设置了三个题项来测量："近三年来，退出收入以现金和现金等价物为主"、"近三年来退出收入变现速度很快"、"近三年来，退出收入都即时到账"，以被调查者的视角来观察，对以上陈述做出"非常不同意"、"不同意"、"不确定"、"同意"、"非常同意"的判断，并分别赋予 1、2、3、4、5 的分值。

## 二、环境

环境是 PE 退出时面临的外部情况，包括经济环境、资本市场状况和市场信誉情况。良好的经济环境对退出限制条件较少，有相关的退出支持政策和较低的所得税。资本市场的状况对退出的影响反映在上市的难度、场外交易市场的完善程度、社会资本供给情况三个方面。市场信誉是外界对企业所在地区信誉的整体评价。这种评价主要反映在三个方面：本地企业之间的无担保借贷的难易程度、银行信贷额度取得的难易程度和外界对本地企业信誉的整体评价、外界对本地个人信誉的整体评价。

为测量环境变量，本书设置了九个题项："近三年来，退出项目受到的限制条件较少"、"近三年来，退出项目获得的政策支持较多"、"近三年来，退出项目得到政府退税优惠"、"近三年来，企业上市退出的难度降低"、"近三年来，产权市场和场外交易市场能满足我们退出的需求"、"近三年来，社会资本供给很充足"、"近三年来，退出所在地企业间的无担保借贷较容易"、"近三年来，退出企业所在地银行信贷额度取得较容易"、"近三年来，外界对退出企业所在地企业信誉的整体评价较好"，以被调查者的视角，选择"非常不同意"、"不同意"、"不确定"、"同意"、"非常同意"，并分别赋予 1、2、3、4、5 的分值。

## 三、相关人员

相关人员是退出过程中涉及的其他股东、公司管理层及聘请的顾问。其他股东对退出支持，包括企业创始股东对退出的态度、企业非创始股东对退出的态度。公司管理层是指退出企业的管理层。管理层对退出的态度主要包括公司高管对退出的态度和中层管理者对退出的态度。退出聘请的法律顾问、会计顾问、审计顾问和交易顾问对退出的态度也会对退出发生影响。

为测量相关人员变量，本书设置了八个题项："近三年来，退出项目获得企业创始股东的支持"、"近三年来，退出项目获得其他非创始股东的支持"、"近三年来，退出项目得到企业高管的支持"、"近三年来，退出项目得到企业中层管理人员的支持"、"近三年来，退出项目得到法律顾问的支持"、"近三年来，退出项目得到会计顾问的支持"、"近三年来，退出项目得到审计顾问的支持"、"近三年来，退出项目得到交易顾问的支持"，以被调查者的视角，选择"非常不同意"、"不同意"、"不确定"、"同意"、"非常同意"，并分别赋予 1、2、3、4、5 的分值。

### 四、退出渠道

退出渠道包括了退出渠道的容量和退出渠道的效率两个方面。退出渠道的容量是指退出交易潜在的购买者及潜在购买资金的容量。退出渠道的效率则是退出交易的难易程度和成本的高低。为测量退出渠道变量，本书设置了四个题项来测量："近三年来，退出交易具有较多的潜在购买者"、"近三年来，退出交易具有较多的潜在购买资金"、"近三年来，退出交易比较容易达成"、"近三年来，退出交易成本较低"，以被调查者的视角，选择"非常不同意"、"不同意"、"不确定"、"同意"、"非常同意"，并分别赋予 1、2、3、4、5 的分值。

## 第五节　中介变量

退出净收益既是影响 PE 退出的解释变量，又在支付方式、环境、相关人员和退出渠道对 PE 退出的影响中发挥中介作用，是 PE 退出的中介变量。退出净收益是退出获得的核心。退出的净收益不但包括财产收益，还包括声誉和社会网络关系的收益。因此，应从会计收入、声誉收益和网络收益三个方面来衡量。会计收入衡量退出获得的账面收入；声誉收益衡量退出对 PE 声誉的正面影响程度，良好的退出能够扩大 PE 的知名度、美誉度，提高外界对 PE 的关注度，从而为今后的募集和投资创造良好条件。网络收益是指退出所获得的人际网络资源的收益。人际网络是 PE 的重要资源，在募集阶段、投资阶段和退出阶段发挥重要作用，因此网络收益也是 PE 的一项重要收益。

为测量退出净收益，本书设置了七个题项："近三年来，退出项目获得了较好的会计账面收入"、"近三年来，退出项目扩大了我们的知名度"、"近三年来，退出项目增加了我们的美誉度"、"近三年来，退出项目提高了外界对我们的关注度"、"近三年来，退出项目拓宽了我们在投资界的人脉网络"、"近三年来，退出项目拓宽了我们在企业界的人脉网络”、“近三年来，退出项目加强了我们与政府和行业协会的联系”，以被调查者的视角，选择“非常不同意”、“不同意”、“不确定”、“同意”、“非常同意”，并分别赋予1、2、3、4、5的分值。

## 第六节 控制变量

控制变量可能对被解释变量PE退出产生影响，在退出阶段，可能对PE退出产生影响的主要有退出规模、所在区域、投资阶段等。本书设置了“退出时转让或出售产权的规模”选择题，设计了“5000万元以下”、“5000万~1亿元”、“1亿~5亿元”、“5亿~10亿元”、“10亿元以上”五个档次。

不同地区的经济发展水平不同，对PE退出的影响也不同。地方政府不同的支持政策、税收优惠会对本地的PE退出产生不同的作用。传统情况下，北京、上海和深圳是我国PE较发达的地区，凡是在这三个城市的PE机构的地区变量为1，否则为0。不同投资阶段的PE基金，其投资的行为特征也具有不同的特征，投资收益和风险也不同，为消除不同投资阶段的影响，研究在问卷设置了相关题项，以调查投资阶段控制变量。

## 第七节 本章小结

本章从理论构建了PE退出阶段，影响民间资本背景的PE退出的结构方程概念模型，提出退出净收益、支付方式、环境、相关人员和退出渠道能对PE退出产生直接的正面的影响，其中支付方式、环境、相关人员和退出渠道又通过退出净收益间接影响PE退出。对概念模型所涉及的被解释变量、解释变量、中介变量、控制变量进行了分析。PE退出为被解释变量，支付方式、环境、相关人员和退出渠道为解释变量，其中，退出净收益既是解释变量，又是中介变量。退出规模、所在区域、投资阶段为控制变量。本章提出的假设整理如下：

假设3.1：退出净收益与PE退出正相关。较高的退出净收益促进PE退出，较低的退出净收益阻碍PE退出。

假设3.2：支付方式与PE退出正相关。良好的支付方式促进PE退出，较差的支付方式阻碍PE退出。

假设3.3：环境与PE退出正相关。良好的环境促进PE退出，较差的环境阻碍PE退出。

假设 3.4：相关人员的支持与 PE 退出正相关。相关人员的支持促进 PE 退出，相关人员的反对阻碍 PE 退出。

假设 3.5：退出渠道与 PE 退出正相关。良好的退出渠道有利于 PE 退出，较差的退出渠道阻碍 PE 退出。

假设 3.6：支付方式与退出净收益正相关。良好的支付方式提升退出净收益，较差的支付方式降低退出净收益。

假设 3.7：环境与退出净收益正相关。良好的环境能提升退出净收益，较差的环境能降低退出净收益。

假设 3.8：相关人员的支持与退出净收益正相关。相关人员越是支持退出，退出净收益越高；反之，退出净收益越低。

假设 3.9：退出渠道与退出净收益正相关。良好的退出渠道能提升退出净收益，较差的退出渠道降低退出净收益。

假设 3.10：支付方式直接影响 PE 退出，并通过作用于退出净收益，间接影响 PE 退出。

假设 3.11：环境直接影响 PE 退出，并通过作用于退出净收益，间接影响 PE 退出。

假设 3.12：相关人员的支持不但直接影响 PE 退出，而且通过作用于退出净收益，间接影响 PE 退出。

假设 3.13：退出渠道不但直接影响 PE 退出，而且通过作用于退出净收益，间接影响 PE 退出。

# 第十章　退出阶段：民间资本背景的 PE 退出影响因素的实证结果

本章运用第四章提出的方法，去掉收回的有效问卷当中显示无民间资本背景的问卷 73 份，对剩余的 209 份具有民间资本背景的问卷进行了统计分析，以验证第九章提出的在 PE 退出阶段，影响民间资本背景的 PE 退出的主要因素及相关的研究假设。本书采用 SPSS 18.0 和 AMOS 17.0 统计分析软件作为资料分析的工具，使用的统计方法见第六章所述。

## 第一节　样本基本情况

回收的有效调查问卷中具有民间资本背景的问卷 209 份，达到了结构方程模型分析不少于 200 份的要求，也完全可以满足信度、效度、相关性分析及多元回归分析的样本数量要求，因而，运用 209 份具有民间资本背景的问卷进行本章的实证检验是可靠的。问卷的基本情况见表 8－1 至表 8－3，本章不再赘述。

样本覆盖了除重振/危困阶段以外其他各阶段。其中第一期最多，占全部样本的 20.5%，设立期和第二期各占全部样本的 14.3% 和 14.8%，总体而言，样本分布较均衡。京、沪、深三地样本较多，占全部样本数的 58%，其他地区占 42%。PE 公司成立时间三年以上的较多，占全部样本的 84.7%，三年以下的占 15.3%。

有限责任、股份有限、有限合伙是样本 PE 公司的主要组织形式，占全部样本的 96.2%，无个人独资公司。样本 PE 公司管理资产主要分布于 5000 万～10 亿元，占全部样本的 89.5%，单个基金的平均规模集中于 5000 万～5 亿元，占全部样本的 87.6%。

样本 PE 公司投资行业集中于互联网、电信及增值、IT、能源及矿业，占全部样本的 71.9%，另外，投资多个行业的 PE 公司也较多，占全部样本的 12%。

## 第二节 信度分析

为了保证问卷测量结果的可信性，进行信度分析。本研究采用内部信度作为检测问卷信度的工具，以 Cronbach's α 系数对问卷进行测量，得到信度测量结果，见表 10－1。

**表 10－1 问卷变量的 Cronbach's α 值**

| 变量 | Cronbach's α 值 |
|---|---|
| 退出净收益 | 0.81 |
| 支付方式 | 0.90 |
| 环境 | 0.85 |
| 相关人员 | 0.82 |
| 退出渠道 | 0.91 |
| PE 退出 | 0.86 |

根据 Guielford（1965）的研究观点，信度检验中的 Cronbach's α 值大于 0.7 说明信度很高，小于 0.35 说明信度较低，需删除。本研究所有变量的 Cronbach's α 值均超过了 0.7 的最低标准，说明这些变量的测量是可信的。

## 第三节 效度分析

本书采用结构效度进行效度分析，使用 KMO（Kaiser－Meyer－Olkin Measure of Sampling Adequacy）和 Bartlett 球形检验测量变量之间的偏相关，判断因子分析是否可行。本研究 KMO 测试结果为 0.847，Bartlett 球形检验卡方值是 2011.372，p 值是 0，适合进行因子分析。具体测试结果如表 10－2 所示。

**表 10－2 KMO 和 Bartlett 球形检验**

| KMO | | 0.847 |
|---|---|---|
| Bartlett 球形检验 | Approx. Chi－Square | 2011.372 |
| | df. | 83 |
| | Sig. | 0.000 |

因子分析得出变量共同度（Communalities）最终结果，如表 10－3 所示。本书采用主成分分析法（Principal Component Analysis）提取变量的公因子方差。表 10－3 显示，本书六个主要变量的 Extraction 值都大于 0.8，其中 1 个变量大于 0.9，表明本书设计的调查问卷的结构效度完全满足统计学要求。

**表 10－3 变量共同度（Communalities）检验**

| 变量 | Initial | Extraction |
|---|---|---|
| 退出净收益 | 1.000 | 0.823 |
| 支付方式 | 1.000 | 0.801 |
| 环境 | 1.000 | 0.902 |
| 相关人员 | 1.000 | 0.864 |
| 退出渠道 | 1.000 | 0.810 |
| PE 退出 | 1.000 | 0.815 |

## 第四节 相关性分析

为验证第九章提出的假设 3.1～3.13，本节对两个方面的相关关系进行验证：一是解释变量、中介变量与被解释变量之间的相关关系，即退出净收益、支付方式、环境、相关人员、退出渠道与 PE 退出之间的相关关系；二是解释变量与中介变量之间的相关关系，即支付方式、环境、相关人员、退出渠道与退出净收益的相关关系。以 SPSS 18.0 统计分析软件为分析工具，以 0.01 显著性水平为标准，显著性小于 0.01 的则认为该假设关系成立。各假设的检验结果如下：

假设 3.1：退出净收益与 PE 退出正相关。较高的退出净收益促进 PE 退出，较低的退出净收益阻碍 PE 退出。

假设 3.1 的 Pearson 相关分析（Correlations）结果见表 10－4。表 10－4 中分析结果显示退出净收益与 PE 退出的相关系数是 0.889，表明了退出净收益与 PE 退出具有很强的正相关性，因此较高的退出净收益促进 PE 退出，较低的退出净收益阻碍 PE 退出。假设 3.1 成立。

**表 10－4 退出净收益与 PE 退出相关性分析**

| | | PE 退出 | 退出净收益 |
|---|---|---|---|
| PE 退出 | Pearson Correlation | 1 | 0.889（**） |
| | Sig.（2－tailed） | — | 0.000 |

续表

| | | PE 退出 | 退出净收益 |
|---|---|---|---|
| | N | 209 | 209 |
| 退出净收益 | Pearson Correlation | 0.889（**） | 1 |
| | Sig.（2-tailed） | 0.000 | — |
| | N | 209 | 209 |

注：** 表示显著性水平小于0.01。

假设3.2：支付方式与PE退出正相关。良好的支付方式促进PE退出，较差的支付方式阻碍PE退出。

假设3.2的Pearson相关分析（Correlations）结果见表10-5。表10-5中结果显示支付方式与PE退出的相关系数是0.819，表明了支付方式与PE退出具有很强的相关性，因此，良好的支付方式促进PE退出，较差的支付方式阻碍PE退出。假设3.2成立。

**表10-5　支付方式与PE退出的相关性分析**

| | | PE 退出 | 支付方式 |
|---|---|---|---|
| PE 退出 | Pearson Correlation | 1 | 0.819（**） |
| | Sig.（2-tailed） | — | 0.000 |
| | N | 209 | 209 |
| 支付方式 | Pearson Correlation | 0.819（**） | 1 |
| | Sig.（2-tailed） | 0.000 | — |
| | N | 209 | 209 |

注：** 表示显著性水平小于0.01。

假设3.3：环境与PE退出正相关。良好的环境促进PE退出，较差的环境阻碍PE退出。

假设3.3的Pearson相关分析（Correlations）结果见表10-6。表中结果显示环境与PE退出的相关系数是0.801，表明了环境与PE退出之间有很强的正相关性，因此，良好的环境促进PE退出，较差的环境阻碍PE退出。假设3.3成立。

**表10-6　环境与PE退出的相关性分析**

| | | PE 退出 | 环境 |
|---|---|---|---|
| PE 退出 | Pearson Correlation | 1 | 0.801（**） |

续表

| | | PE 退出 | 环境 |
|---|---|---|---|
| | Sig. (2 – tailed) | — | 0.000 |
| | N | 209 | 209 |
| 环境 | Pearson Correlation | 0.801 (**) | 1 |
| | Sig. (2 – tailed) | 0.000 | — |
| | N | 209 | 209 |

注：** 表示显著性水平小于0.01。

假设3.4：相关人员的支持与PE退出正相关。相关人员的支持促进PE退出，相关人员的反对阻碍PE退出。

假设3.4的Pearson相关分析（Correlations）结果见表10－7。表10－7分析结果显示相关人员的支持与PE退出的相关系数是0.823，表明了相关人员的支持与PE退出具有很强的正相关性，因此，相关人员的支持有利于PE退出，相关人员的反对阻碍PE退出。假设3.4成立。

**表10－7　相关人员的支持与PE退出的相关性分析**

| | | PE 退出 | 相关人员 |
|---|---|---|---|
| PE 退出 | Pearson Correlation | 1 | 0.823 (**) |
| | Sig. (2 – tailed) | — | 0.000 |
| | N | 209 | 209 |
| 相关人员 | Pearson Correlation | 0.823 (**) | 1 |
| | Sig. (2 – tailed) | 0.000 | — |
| | N | 209 | 209 |

注：** 表示显著性水平小于0.01。

假设3.5：退出渠道与PE退出正相关。良好的退出渠道有利于PE退出，较差的退出渠道阻碍PE退出。

假设3.5的Pearson相关分析（Correlations）结果见表10－8。表中结果显示退出渠道与PE退出的相关系数是0.913，表明了退出渠道与PE退出具有很强的正相关性，因此，良好的退出渠道有利于PE退出，较差的退出渠道阻碍PE退出。假设3.5成立。

表 10－8　退出渠道与 PE 退出的相关性分析

| | | PE 退出 | 退出渠道 |
|---|---|---|---|
| PE 退出 | Pearson Correlation | 1 | 0.913（**） |
| | Sig.（2－tailed） | — | 0.000 |
| | N | 209 | 209 |
| 退出渠道 | Pearson Correlation | 0.913（**） | 1 |
| | Sig.（2－tailed） | 0.000 | — |
| | N | 209 | 209 |

注：** 表示显著性水平小于 0.01。

假设 3.6：支付方式与退出净收益正相关。良好的支付方式提升退出净收益，较差的支付方式降低退出净收益。

假设 3.6 的 Pearson 相关分析（Correlations）结果见表 10－9。表中结果显示支付方式与退出净收益的相关系数是 0.897，表明支付方式与退出净收益具有很强的正相关性，因此，良好的支付方式提升退出净收益，较差的支付方式降低退出净收益。假设 3.6 成立。

表 10－9　支付方式与退出净收益的相关性分析

| | | 退出净收益 | 支付方式 |
|---|---|---|---|
| 退出净收益 | Pearson Correlation | 1 | 0.897（**） |
| | Sig.（2－tailed） | — | 0.000 |
| | N | 209 | 209 |
| 支付方式 | Pearson Correlation | 0.897（**） | 1 |
| | Sig.（2－tailed） | 0.000 | — |
| | N | 209 | 209 |

注：** 表示显著性水平小于 0.01。

假设 3.7：环境与退出净收益正相关。良好的环境能提升退出净收益，较差的环境能降低退出净收益。

假设 3.7 的 Pearson 相关分析（Correlations）结果见表 10－10。表 10－10 中结果显示环境与退出净收益的相关系数是 0.905，表明了环境与退出净收益具有显著的正相关性，因此，良好的环境能提升退出净收益，较差的环境能减少退出净收益。假设 3.7 成立。

表10－10　环境与退出净收益的相关性分析

| | | 退出净收益 | 环境 |
|---|---|---|---|
| 退出净收益 | Pearson Correlation | 1 | 0.905（**） |
| | Sig.（2－tailed） | — | 0.000 |
| | N | 209 | 209 |
| 环境 | Pearson Correlation | 0.905（**） | 1 |
| | Sig.（2－tailed） | 0.000 | — |
| | N | 209 | 209 |

注：** 表示显著性水平小于0.01。

假设3.8：相关人员的支持与退出净收益正相关。相关人员越是支持退出，退出净收益越高；反之，退出净收益越低。

假设3.8的Pearson相关分析（Correlations）结果见表10－11。表10－11中结果显示相关人员的支持与退出净收益的相关系数是0.901，表明了相关人员的支持与退出净收益具有显著的正相关性，因此相关人员越是支持退出，退出净收益越高；反之，退出净收益越低。假设3.8成立。

表10－11　相关人员的支持与退出净收益的相关分析

| | | 退出净收益 | 相关人员 |
|---|---|---|---|
| 退出净收益 | Pearson Correlation | 1 | 0.901（**） |
| | Sig.（2－tailed） | — | 0.000 |
| | N | 209 | 209 |
| 相关人员 | Pearson Correlation | 0.901（**） | 1 |
| | Sig.（2－tailed） | 0.000 | — |
| | N | 209 | 209 |

注：** 表示显著性水平小于0.01。

假设3.9：退出渠道与退出净收益正相关。良好的退出渠道能提升退出净收益，较差的退出渠道降低退出净收益。

假设3.9的Pearson相关分析（Correlations）结果见表10－12。表10－12中结果显示退出渠道与退出净收益的相关系数是0.893，表明了退出渠道与退出净收益具有很强的正相关性，因此，良好的退出渠道能提升退出净收益，较差的退出渠道降低退出净收益。假设3.9成立。

表 10-12　退出渠道与退出净收益的相关分析

| | | 退出净收益 | 退出渠道 |
|---|---|---|---|
| 退出净收益 | Pearson Correlation | 1 | 0.893（**） |
| | Sig.（2-tailed） | — | 0.000 |
| | N | 209 | 209 |
| 退出渠道 | Pearson Correlation | 0.893（**） | 1 |
| | Sig.（2-tailed） | 0.000 | — |
| | N | 209 | 209 |

注：** 表示显著性水平小于 0.01。

至此，第九章提出的假设 3.1 ~ 3.9 已验证完毕，相关性分析支持假设 3.1 ~ 3.9，即假设 3.1 ~ 3.9 经 Pearson 相关分析性分析全部得到证实。下一节，将进一步验证假设 3.1 ~ 3.9。

## 第五节　多元线性回归分析

本节通过多元线性回归对通过相关性分析的假设进行深入的分析。表 10-13 与表 10-14 为假设 3.1 ~ 3.9 的各种回归模型的运算结果。

### 一、支付方式、环境、相关人员、退出渠道、退出净收益与 PE 退出

关于解释变量、中介变量与 PE 退出之间关系的验证，从表 10-13 中模型 1 ~ 5 的回归结果可以看出，支付方式、环境、相关人员、退出渠道、退出净收益对 PE 退出具有显著的影响，在模型 5 中回归系数 β 分别为 0.121、0.109、0.102、0.113、0.137，p 值分别在 0.01 和 0.05 之间。其中，退出净收益和退出渠道的显著性水平为 0.01，其他各解释变量对 PE 退出的显著性均为 0.05。因此，假设 3.1 ~ 3.5 得到了进一步的验证。具体来讲，退出净收益与 PE 退出正相关，较高的退出净收益促进 PE 退出，较低的退出净收益阻碍 PE 退出；支付方式与 PE 退出正相关，良好的支付方式促进 PE 退出，较差的支付方式阻碍 PE 退出；环境与 PE 退出正相关，良好的环境促进 PE 退出，较差的环境阻碍 PE 退出。相关人员的支持与 PE 退出正相关，其他股东、管理层和退出顾问的支持促进 PE 退出，其他股东、管理层和退出顾问的反对阻碍 PE 退出；退出渠道与 PE 退出正相关，容量大、效率高的退出渠道有利于 PE 退出，较差的退出渠道阻碍 PE 退出。

表 10－13　解释变量、中介变量与 PE 退出的回归结果

| 变量 | 模型 1 | 模型 2 | 模型 3 | 模型 4 | 模型 5 |
|---|---|---|---|---|---|
| 退出净收益 | 0. 267 ** | 0. 278 ** | 0. 193 ** | 0. 130 ** | 0. 121 ** |
| 支付方式 | — | 0. 235 * | 0. 169 * | 0. 123 * | 0. 109 * |
| 环境 | — | — | 0. 154 * | 0. 113 * | 0. 102 * |
| 相关人员 | — | — | — | 0. 179 * | 0. 113 * |
| 退出渠道 | — | — | — | — | 0. 137 ** |
| 退出规模 | 0. 099 * | 0. 076 * | 0. 059 * | 0. 041 * | 0. 037 * |
| 投资阶段 | －0. 117 | －0. 123 | －0. 121 | －0. 124 | －0. 122 |
| 企业所在区域 | －0. 107 | －0. 093 | －0. 089 | －0. 087 | －0. 076 |
| 投资阶段 | 0. 121 | 0. 078 | 0. 064 | 0. 051 | 0. 046 |
| $R^2$ | 0. 393 | 0. 399 | 0. 389 | 0. 373 | 0. 356 |
| 调整 $R^2$ | 0. 343 | 0. 337 | 0. 351 | 0. 325 | 0. 337 |
| F | 12. 976 ** | 12. 963 ** | 12. 887 ** | 12. 991 ** | 12. 821 ** |

注：** 表示显著水平在 p<0. 01 以下；* 表示显著水平在 p<0. 05 以下。

## 二、支付方式、环境、相关人员、退出渠道与退出净收益

在相关性分析中，证实了假设 3. 6 ~ 3. 9，即解释变量支付方式、环境、相关人员、退出渠道与中介变量退出净收益之间存在显著相关关系。在这一节，对假设 3. 6 ~ 3. 9 进行进一步的验证。表 10 － 14 的回归结果显示，支付方式、环境、相关人员、退出渠道对退出净收益具有显著的作用，在模型 4 中，回归系数 β 分别为 0. 126、0. 104、0. 108、0. 119，p 值均为 0. 05。因此，假设 3. 6 ~ 3. 9 得到了进一步的验证。具体来讲，支付方式与退出净收益正相关，即时性强、流动性强的支付方式提高退出净收益，即时性弱、流动性弱的支付方式降低退出净收益；环境与退出净收益正相关，经济发展好、资本市场发达、市场信誉好的环境能提升退出净收益，较差的环境能降低退出净收益；相关人员的支持与退出净收益正相关，相关人员越是支持退出，退出净收益越高，反之，退出净收益越低；退出渠道与退出净收益正相关，良好的退出渠道能提升退出净收益，较差的退出渠道降低退出净收益。

表 10－14　解释变量与 PE 退出净收益的回归结果

| 变量 | 模型 1 | 模型 2 | 模型 3 | 模型 4 |
|---|---|---|---|---|
| 支付方式 | 0. 257 * | 0. 178 * | 0. 133 * | 0. 126 * |
| 环境 | — | 0. 162 * | 0. 121 * | 0. 104 * |

续表

| 变量 | 模型 1 | 模型 2 | 模型 3 | 模型 4 |
|---|---|---|---|---|
| 相关人员 | — | — | 0.132 | 0.108* |
| 退出渠道 | — | — | — | 0.119* |
| 退出规模 | 0.133* | 0.116* | 0.111* | 0.093* |
| 投资阶段 | -0.138 | -0.133 | -0.135 | -0.129 |
| 企业所在区域 | -0.121 | -0.118 | -0.118 | -0.109 |
| 投资阶段 | 0.053 | 0.024 | 0.019 | 0.018 |
| $R^2$ | 0.379 | 0.335 | 0.387 | 0.375 |
| 调整 $R^2$ | 0.358 | 0.331 | 0.356 | 0.343 |
| F | 12.389** | 12.257** | 12.695** | 12.783** |

注：** 表示显著水平在 $p<0.01$ 以下；* 表示显著水平在 $p<0.05$ 以下。

以上的实证研究结果，进一步支持了假设 3.1 ~ 3.9，下一节对剩余的假设 3.10 ~ 3.13 进行检验。

## 第六节　结构方程模型分析

本节在相关分析和多元线性回归分析的基础上，运用结构方程模型验证剩余的假设 3.10 ~ 3.13。

假设 3.10：支付方式直接影响 PE 退出，并通过作用于退出净收益，间接影响 PE 退出。

依据前文理论分析和实证分析结果，提出假设 3.10 的检验模型，如图 10 - 1 所示。

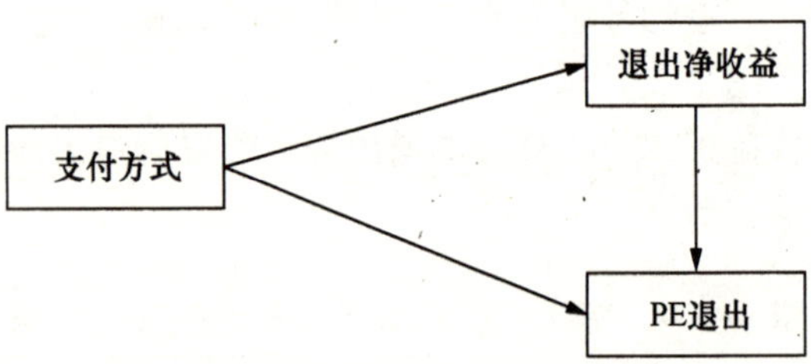


**图 10 - 1　假设 9.10 的结构方程模型**

在图10－1所示的结构方程模型中，支付方式是外源变量，起到自变量的作用，而退出净收益和PE退出是内生变量，受到自变量和其他内生变量的作用影响。对以上模型用AMOS 17.0软件进行了分析，具体的模型参数分析结果见图10－2。

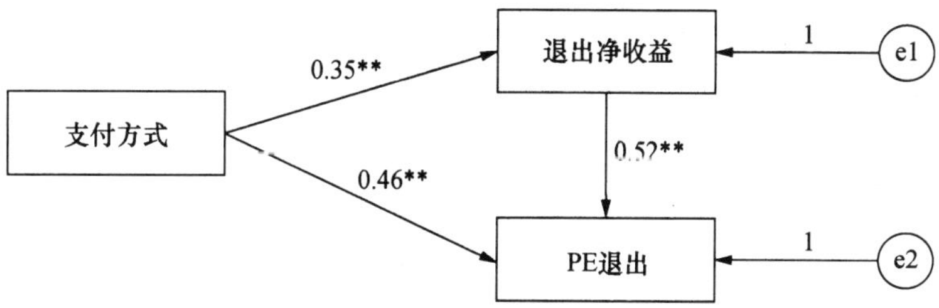


**图10－2 假设3.10结构方程模型的拟合结果（** $p<0.01$**）**

图10－2中分析结果显示，支付方式和退出净收益两个因素对PE退出均有显著的直接影响，而且支付方式还通过作用于退出净收益而间接影响PE退出。对于该模型拟合分析结果见表10－15。

**表10－15 假设3.10结构方程模型拟合结果**

| 拟合优度指标 | $\chi^2$ | $df$ | $\chi^2/df$ | GFI | AGFI | NFI | CFI | RMSEA |
|---|---|---|---|---|---|---|---|---|
| 衡量标准 | — | — | <3 | >0.90 | >0.80 | >0.90 | >0.90 | <0.08 |
| 模型指标 | 1239.33 | 524 | 2.365 | 0.909 | 0.923 | 0.912 | 0.907 | 0.049 |

从表10－15的拟合结果可以看出，上述主要拟合优度指标均符合标准，从而表明假设3.10结构方程模型的拟合是良好的。假设3.10得到验证。

假设3.11：环境直接影响PE退出，并通过作用于退出净收益，间接影响PE退出。

依据前文理论分析和实证分析结果，提出假设3.11的检验模型，如图10－3所示。

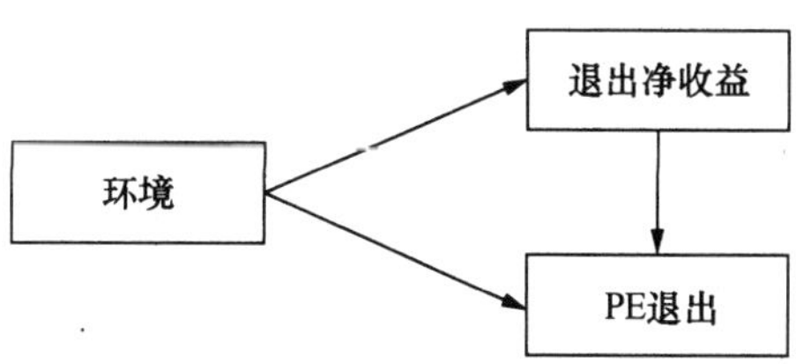


**图10－3 假设3.11的结构方程模型**

在图 10－3 所示的结构方程模型中，环境是外源变量，退出净收益和 PE 退出是内生变量。对以上模型用 AMOS 17.0 软件进行了分析，具体的模型参数分析结果如图 10－4 所示。

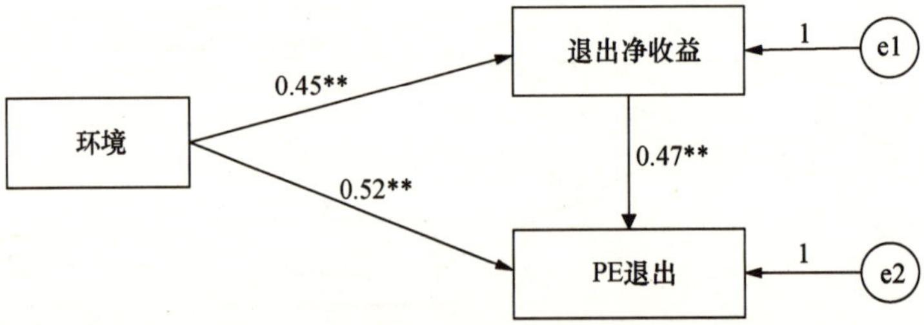


**图 10－4　假设 3.11 结构方程模型的分析结果（** p<0.01）**

图 10－4 分析结果显示，环境和退出净收益两个因素对 PE 退出均有显著的直接影响，环境还通过作用于退出净收益而间接影响 PE 退出。环境对退出净收益和 PE 退出的影响分别为 0.45 和 0.52。模型拟合评价结果见表 10－16。

**表 10－16　假设 3.11 结构方程模型拟合结果**

| 拟合优度指标 | $\chi^2$ | $df$ | $\chi^2/df$ | GFI | AGFI | NFI | CFI | RMSEA |
|---|---|---|---|---|---|---|---|---|
| 衡量标准 | — | — | <3 | >0.90 | >0.80 | >0.90 | >0.90 | <0.08 |
| 模型指标 | 1218.093 | 523 | 2.329 | 0.923 | 0.933 | 0.914 | 0.912 | 0.049 |

从表 10－16 拟合结果可以看出，上述主要拟合优度指标均符合标准，表明假设 3.11 结构方程模型的拟合是良好的。假设 3.11 得到验证。

假设 3.12：相关人员的支持不但直接影响 PE 退出，而且通过作用于退出净收益，间接影响 PE 退出。

依据前文理论分析和实证分析结果，提出假设 3.12 的检验模型，如图 10－5 所示。

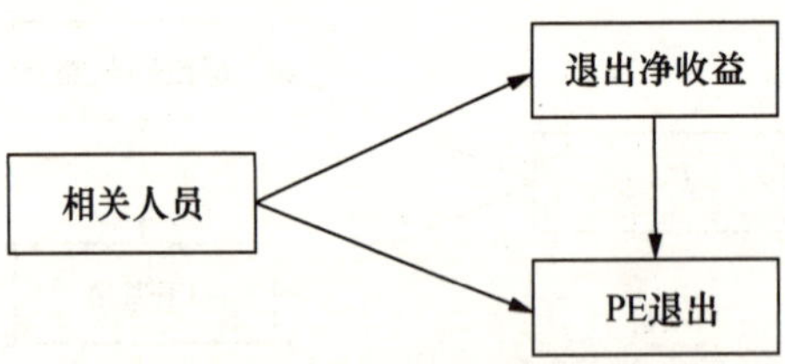


**图 10－5　假设 3.12 的结构方程模型**

在图10－5所示的结构方程模型中，相关人员是外源变量，退出净收益和PE退出是内生变量。对以上模型用AMOS 17.0软件进行了分析，具体的模型参数分析结果如图10－6所示。

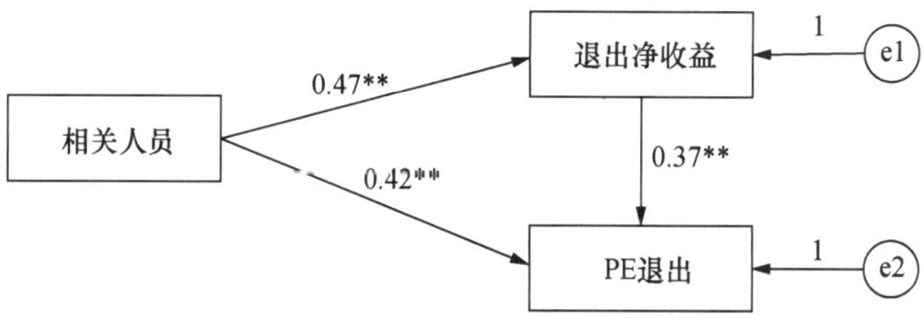


**图10－6 假设3.12结构方程模型的分析结果（** p<0.01）**

图10－6分析结果显示，相关人员和退出净收益两个因素对PE退出均有显著的直接影响，相关人员还通过作用于退出净收益而间接影响PE退出。相关人员对退出净收益和PE退出的影响分别为0.47和0.42。模型拟合评价结果见表10－17。

**表10－17 假设3.12结构方程模型拟合结果**

| 拟合优度指标 | $\chi^2$ | $df$ | $\chi^2/df$ | GFI | AGFI | NFI | CFI | RMSEA |
|---|---|---|---|---|---|---|---|---|
| 衡量标准 | — | — | <3 | >0.90 | >0.80 | >0.90 | >0.90 | <0.08 |
| 模型指标 | 1192.093 | 521 | 2.288 | 0.907 | 0.929 | 0.916 | 0.919 | 0.039 |

从表10－17拟合结果可以看出，上述主要拟合优度指标均符合标准，表明假设3.12结构方程模型的拟合是良好的，假设3.12得到验证。

假设3.13：退出渠道不但直接影响PE退出，而且通过作用于退出净收益，间接影响PE退出。

依据前文理论分析和实证分析结果，提出假设3.13的检验模型，如图10－7所示。

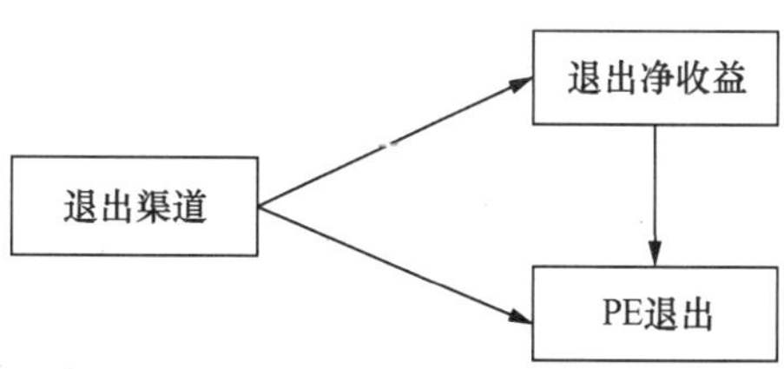


**图10－7 假设3.13的结构方程模型**

在图 10－7 所示的结构方程模型中，退出渠道是外源变量，退出净收益和 PE 退出是内生变量。对以上模型用 AMOS 17.0 软件进行了分析，具体的模型参数分析结果如 10－8 所示。

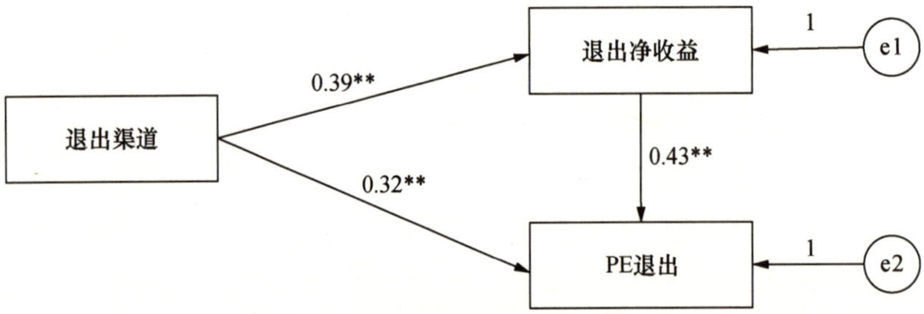


**图 10－8　假设 3.13 结构方程模型的分析结果（** p<0.01）**

图 10－8 分析结果显示，退出渠道和退出净收益两个因素对 PE 退出均有显著的直接影响，退出渠道还通过作用于退出净收益而间接影响 PE 退出。退出渠道对退出净收益和 PE 退出的影响分别为 0.39 和 0.32。模型拟合评价结果见表 10－18。

**表 10－18　假设 3.13 结构方程模型拟合结果**

| 拟合优度指标 | $\chi^2$ | $df$ | $\chi^2/df$ | GFI | AGFI | NFI | CFI | RMSEA |
|---|---|---|---|---|---|---|---|---|
| 衡量标准 | — | — | <3 | >0.90 | >0.80 | >0.90 | >0.90 | <0.08 |
| 模型指标 | 1192.093 | 521 | 2.288 | 0.907 | 0.929 | 0.916 | 0.919 | 0.039 |

至此，第九章所提出的全部假设都得到了证实。对于第九章提出的概念模型 2，即退出净收益、支付方式、环境、相关人员退出渠道与 PE 退出之间关系的概念模型，运用 AMOS 17.0 软件进行了分析，得到了结构方程拟合模型及参数，分析结果如图 10－9 所示。

图 10－9 分析结果显示，支付方式、环境、相关人员、退出渠道和退出净收益五个因素对 PE 退出均有显著的直接影响，支付方式、环境、相关人员、退出渠道还通过作用于退出净收益而间接影响 PE 退出。结构方程模型拟合的评价结果如表 10－19 所示。

**表 10－19　结构方程模型拟合结果**

| 拟合优度指标 | $\chi^2$ | $df$ | $\chi^2/df$ | GFI | AGFI | NFI | CFI | RMSEA |
|---|---|---|---|---|---|---|---|---|
| 衡量标准 | — | — | <3 | >0.90 | >0.80 | >0.90 | >0.90 | <0.08 |
| 模型指标 | 1357.39 | 779 | 1.742 | 0.907 | 0.931 | 0.913 | 0.917 | 0.048 |

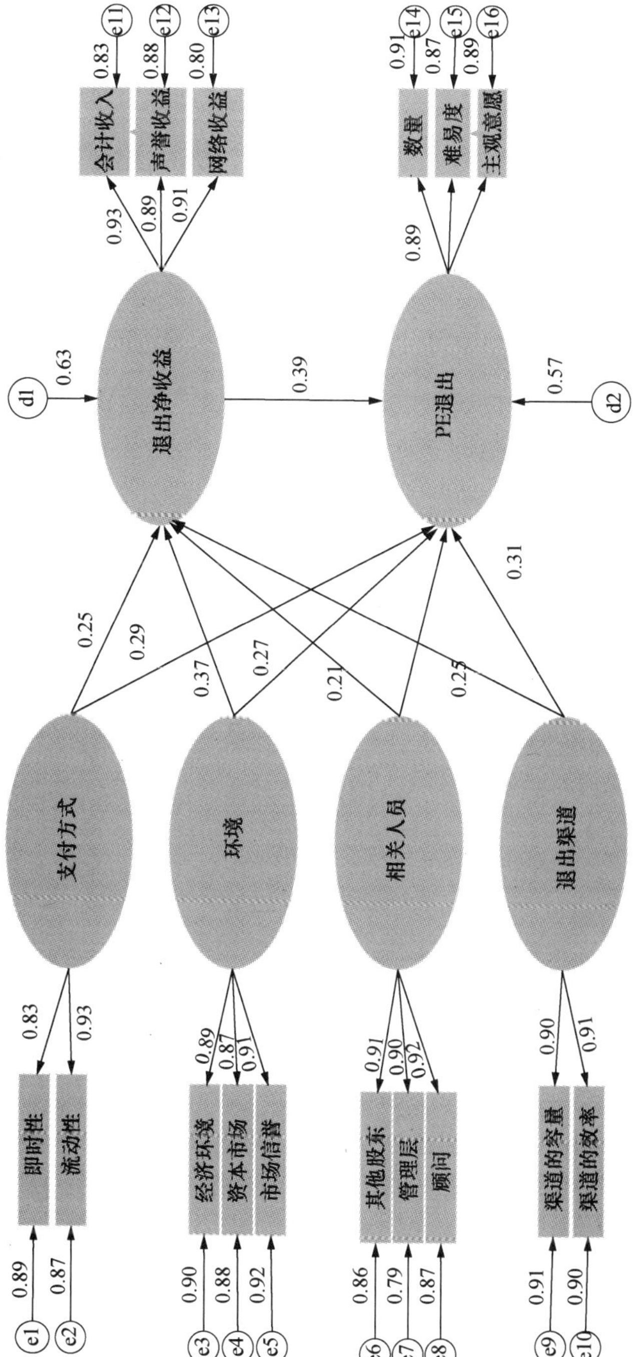


图 10－9　结构方程拟合模型

由图 10 - 9 及表 10 - 19 可知，结构方程模型的拟合较好。

## 第七节　实证结果讨论

本章运用第四章提出的研究方法，对第九章提出的概念模型、假设和变量进行了实证检验。实证结果表明，在 PE 退出阶段，影响民间资本背景 PE 退出的五个影响因素——“退出净收益”、“支付条件”、“环境”、“相关人员”、“退出渠道”及被解释变量“PE 退出”通过了信度和效度检验，作为解释变量和被解释变量是可靠的。

进一步的相关性分析和多元回归结果显示，退出净收益与 PE 退出正相关，较高的退出净收益促进 PE 退出，较低的退出净收益阻碍 PE 退出；支付方式与 PE 退出正相关，良好的支付方式促进 PE 退出，较差的支付方式阻碍 PE 退出；环境与 PE 退出正相关，良好的环境促进 PE 退出，较差的环境阻碍 PE 退出。相关人员的支持与 PE 退出正相关，其他股东、管理层和退出顾问的支持促进 PE 退出，其他股东、管理层和退出顾问的反对阻碍 PE 退出；退出渠道与 PE 退出正相关，容量大、效率高的退出渠道有利于 PE 退出，较差的退出渠道阻碍 PE 退出。第七章提出的关于中介变量、解释变量和被解释变量之间的假设 3. 1 ~ 3. 5 得到了验证和支持。

对于解释变量与中介变量之间关系的假设，经相关性分析和多元回归分析显示：支付方式与退出净收益正相关，良好的支付方式提升退出净收益，较差的支付方式降低退出净收益；环境与退出净收益正相关，良好的环境能提升退出净收益，较差的环境能降低退出净收益；相关人员的支持与退出净收益正相关，相关人员越是支持退出，退出净收益越高，反之，退出净收益越低；退出渠道与退出净收益正相关，良好的退出渠道能提升退出净收益，较差的退出渠道降低退出净收益。假设 3. 6 ~ 3. 9 得到了验证和支持。

中介变量与解释变量、被解释变量之间的关系，经相关性分析和结构方程分析显示：支付方式、环境、相关人员和退出渠道会直接影响 PE 退出，并通过退出净收益间接影响 PE 退出，退出净收益在整个退出过程中，既是解释变量，又是中介变量，对 PE 退出产生影响。假设 3. 10 ~ 3. 13 得到验证和支持。

至此，第九章提出的 13 个假设全部验证完毕，全部获得支持，本书第九章提出的假设及验证情况如表 10 - 20 所示：

表10-20 民间资本背景的PE决策假设及验证结果

| 假设 | 验证结果 |
| --- | --- |
| 假设3.1：退出净收益与PE退出正相关。较高的退出净收益促进PE退出，较低的退出净收益阻碍PE退出 | 支持 |
| 假设3.2：支付方式与PE退出正相关。良好的支付方式促进PE退出，较差的支付方式阻碍PE退出 | 支持 |
| 假设3.3：环境与PE退出正相关。良好的环境促进PE退出，较差的环境阻碍PE退出 | 支持 |
| 假设3.4：相关人员的支持与PE退出正相关。相关人员的支持促进PE退出，相关人员的反对阻碍PE退出 | 支持 |
| 假设3.5：退出渠道与PE退出正相关。良好的退出渠道有利于PE退出，较差的退出渠道阻碍PE退出 | 支持 |
| 假设3.6：支付方式与退出净收益正相关。良好的支付方式提升退出净收益，较差的支付方式降低退出净收益 | 支持 |
| 假设3.7：环境与退出净收益正相关。良好的环境能提升退出净收益，较差的环境能降低退出净收益 | 支持 |
| 假设3.8：相关人员的支持与退出净收益正相关。相关人员越是支持退出，退出净收益越高；反之，退出净收益越低 | 支持 |
| 假设3.9：退出渠道与退出净收益正相关。良好的退出渠道能提升退出净收益，较差的退出渠道降低退出净收益 | 支持 |
| 假设3.10：支付方式直接影响PE退出，并通过作用于退出净收益，间接影响PE退出 | 支持 |
| 假设3.11：环境直接影响PE退出，并通过作用于退出净收益，间接影响PE退出 | 支持 |
| 假设3.12：相关人员的支持不但直接影响PE退出，而且通过作用于退出净收益，间接影响PE退出 | 支持 |
| 假设3.13：退出渠道不但直接影响PE退出，而且通过作用于退出净收益，间接影响PE退出 | 支持 |

## 第八节 本章小结

本章对第九章提出的概念模型和研究假设进行了实证验证。对于收集到的问卷数据进行了信度和效度检验，验证了第九章所涉及的被解释变量、解释变量、中介变量的可靠性。在此基础上，对第九章提出的变量之间相互关系及影响进行相关性分析、多元回归分析和结构方程模型分析。实证结果支持了第九章所提出的全部假设3.1~3.13。即：

第一，“支付方式”、“环境”、“相关人员”、“退出渠道”、“退出净收益”对“PE退出”产生显著影响，流动性和即时性较好的支付方式，良好的环境，其他股东、管理层和顾问的支持，容量和效率较高的退出渠道，会计、声誉和人际网络较好的退出净收益对PE退出有显著的正面影响。

第二，“支付方式”、“环境”、“相关人员”、“退出渠道”对“退出净收益”产生显著影响，流动性和即时性较好的支付方式，良好的环境，其他股东、管理层和顾问的支持，容量和效率较高的退出渠道对退出净收益有显著正面影响。

第三，“支付方式”、“环境”、“相关人员”、“退出渠道”不但直接影响PE退出，还通过作用于“退出净收益”，间接影响“PE退出”。

# 第十一章　引导我国民间资本向 PE 合理转化的对策和建议

如何正确引导我国民间资本向 PE 合理转化是本书的最终目的，也是各民间机构、个人以及政府部门关注的焦点。在前文实证研究的基础上，本章对民间资本向 PE 合理转化的意义进行了分析，提出了促进民间资本向 PE 合理转化的对策和建议。

## 第一节　民间资本向 PE 合理转化的意义

受经济发展和资本市场快速发展的带动，PE 也迅速发展。同时，民间资本也逐步成为国内经济发展的主要力量。引导民间资本向 PE 的合理转化，可以促进民间资本流动，加快社会资本向产业资本转化，优化资源配置、促进产业结构的优化升级。

### 一、引导民间资本向产业领域聚集

民间资本是我国改革开放以来经济发展的产物。由于民间资本积累的时间较短，民间资本的持有者往往没有经过专业的投资训练，只是凭借自己对市场的判断盲目投资。因此，往往会投资于虚拟经济部门，如投资于股票、期货、黄金等金融资产和房地产等投资热点。这种盲目的投资，不利于国民经济各部门的均衡发展，也不利于产业部门的发展。民间资本转化为 PE，则可以有效降低民间资本投资的盲目性，通过 PE 基金的专业理财，将资金投资配置到具有较好发展前景的产业领域，使民间资本向产业领域聚集，为实体经济的发展提供资金支持。

### 二、促进产业结构优化升级

产业结构升级需要大量的资金。而民间资本又缺少可靠的投资方式和投资渠道以实现资本增值。民间资本投资转化为PE，可以借助于PE机构的专业投资能力，对处于转型升级中的优势企业提供资金支持，为企业转型升级和整个社会产业结构的优化提供所需的资金，因此，民间资本转化为PE，可以促进产业结构的优化升级。

## 三、缓解企业融资压力，拓宽民间投资渠道

PE作为一种股权资金，与银行贷款相比，不需要被投资企业还本付息，能有效减轻企业还款现金流的压力。对于资金短缺的中小企业和非上市公司来说，引入PE，不但可以获得急需的资金，而且可以利用投资者的专业能力，提升企业的管理水平。对于民间资本的持有者来说，PE这种方式，是专家理财，可以大大降低投资风险，提高投资收益，从而为民间资本开辟较好的投资通道。

## 四、帮助非上市企业优化资源配置

PE是将“正确的资本提供给正确的客户”。通过其专业的判断能力，选择具有较好发展前景的优势企业，向其投资，并提供管理支持，从而为非上市企业跨期、跨地区、跨行业进行资源的优化配置提供可能。民间资本转化为PE，可以通过PE人的专业投资技能，实现较高的投资收益，并帮助被投资企业获得需要的资源。

## 五、帮助初创期企业进行风险管理和风险转移

初创期的企业往往风险较大，一般的投资者出于规避风险的考虑，不愿意投资于初创期的企业。而PE凭借在某一行业或领域的专业知识，能够识别初创企业的投资风险，准确预测其未来的发展，并通过自身专业知识，帮助初创企业提升管理和市场水平，以减轻风险。同时，由于私募股权的加入，给创业提供了急需的资金，稀释了创业股东的股权，使初创公司的风险得以转移。

## 六、促进形成高度市场化的创业环境

一个企业的良好发展与运营，离不开多因素的共同作用，如管理模式、资金、技术、人才等。大多数情况下创业企业都对管理模式暂时要求不高，他们拥有人才和核心技术，急需资金扩大规模，在规模达到一定标准的情况下，企业对管理的需求愈发明显，同时如何突破市场开拓的“瓶颈”以及如何合适地进行资本运作都需要企业学习。PE能有效地加速高度市场化的创业环境的形成。通过权益融资的方式，及时为企业带来可观的发展资金，使企业在短期内无资金之忧。

## 第二节 民间资本向 PE 合理转化的政策建议

推动民间资本转化为 PE 对促进我国经济的发展具有重要的战略意义。当前民间资本参与 PE 有法律制度不完善、退出机制不完善、中介服务机构不健全、产业准入壁垒限制等问题。要推动民间资本参与 PE，必须采取相应的措施解决当前存在的问题。

### 一、完善民间资本参与 PE 的法律法规

建立以民间资本为主的 PE 体系最基本的任务是完善相关领域的法律法规建设。首先，通过立法来破除民间资本向 PE 转化的阻碍，允许高新技术相关企业以私募形式向特定的企业法人及自然人募集资金，放宽民间资本成立 PE 基金公司的限制。其次，减少对 PE 的直接干涉，逐步放开对 PE 的限制和约束。建立完善的法律法规，积极引导民间资本参与到 PE 领域，并且鼓励 PE 将投资对象定为高新技术企业，以促进技术和经济的发展。

### 二、完善 PE 的退出机制

构建完善的退出机制，促进民间资本进入 PE 领域。这可以从两个方面入手：第一，加强新三板市场的建设。在现阶段，由于上市资源的稀缺，国内的中小型高新企业通过在主板或中小板、创业板上市，从证券市场中获取企业成长所需资金较为困难。新三板市场则为大量无法在主板和中小板及创业板上市的中小企业提供了募集资金的平台。新三板市场是针对有较高增长潜力的高新技术企业提供的融资平台，有别于主板市场。在新三板市场，企业挂牌的要求较低，只要是经过股份制改革的中小企业，都可以到新三板上市，这就为 PE 的退出提供了较好的平台。第二，建立非上市企业的产权交易平台。政府通过相关法律法规建设，搭建非上市企业产权交易平台，为非上市企业的产权交易提供场所，及时公布非上市公司产权交易的双方的相关信息，提供完善的信息服务，降低非上市企业交易风险，为 PE 的退出提供渠道，从而吸引民间资本参与 PE。

### 三、构建民间资本参与 PE 的中介服务体系

民间资本参与 PE，需要有作为纽带的中介机构为其牵线搭桥，以实现资本的流动。为此，政府应主动设立 PE 的募集平台，设置交易规则，披露 PE 的相关信息，并对 PE 机构进行评级，给民间资本的投资选择提供参照，以吸引民间

资本和 PE 者到这个平台上募集资金和投资，并为民间资本参与 PE 提供各类服务。

## 四、降低所得税

发达国家的经验表明，较高的所得税率阻碍了 PE 资金的募集，较低的所得税率则促进 PE 的增加。当前国内对于民间资本进入私募股权行业的税收限制主要表现为以下四点：第一，税率不公平。对机构投资者和个人投资者在税率方面区别对待，机构投资者由于其规范性与安全性等方面的优势，在税率方面能享受到更优惠的政策。第二，多重征税问题。PE 者在获得相应的股权收益时需缴纳个人所得税，因此，以个人身份参与 PE 的，存在着双重征税的问题。第三，税务负担过重。政府政策对私募股权市场所有投资者的税务减免力度不够。所以政府应该制定相应税收优惠政策，鼓励民间资本参与 PE。第四，政府应当制定关于资本流动方面相关的税收优惠与鼓励政策，为民间资本进入私募股权行业铺平道路。

## 五、发挥产权交易市场在 PE 中的作用

非上市企业的产权交易市场与 PE 发展紧密相关。我国的产权市场拥有信息高度透明、监管格外严格、程序非常规范等特点，是大部分企业并购的首选。为解决融资难等问题，中小企业与 PE 基金可以在非上市企业产权交易市场中实现对接。PE 的主要获利方式是出售所持有股份，但是并不是每一家公司都可以上市，对于大部分被投资企业来说，在其存续期内，上市是不可能实现的。因此应当充分利用非上市企业产权交易市场，依靠其优质的资源、透明的信息体系、完善的市场规则等为 PE 退出找到合适的投资者。将非上市企业产权交易市场与私募股权基金结合起来，必然能够为民间资本向产业资本转化提供充足的动力，同时推动 PE 行业的高速平稳发展。

## 六、建立 PE 复合型管理团队

与常见的投资活动不同的是，PE 对专业知识的要求非常高，并且需要足够的技巧性。投资者不但要考虑企业的资金需求，还要为企业提供高技术含量的增值服务。大部分投资活动中，投资人提供资金后并不对筹资者的管理与经营状况进行干涉，但在 PE 中却并非如此，投资人会给予筹资者在企业管理以及营销策划等方面的帮助，在一定程度上来说，此时的投资者承担了筹资人的管理顾问角色，帮助企业提高管理效率，让企业有更多精力投入到生产经营之中。所以 PE 对运作者有着很高的专业知识要求，一方面要精通企业管理，熟悉企业运营的各

个关键节点，对当前的市场有清晰的分析与判断；另一方面则要求投资者对金融市场的资本运作十分熟悉，能够以最低的运作成本获得最高的单位收益。目前国内的 PE 机构从业者很多都是从投行中转过来的，他们对资本运作了如指掌，但是在企业管理能力方面就稍显薄弱。实现 PE 的可持续发展，离不开优秀人才的培养。应通过专门的理论培训与大量的市场实践相结合，不断提高 PE 从业者的专业素养，培养出同时具备敏锐的市场洞察力与资金运营能力的、适应中国市场的专业基金管理者，以吸引民间资本的投资。

# 参考文献

[1] Aboody D, Barth M, Kasznik R. SFAS No. 123 Stock – based Compensation Expense and Equity Market Values [J]. Accounting Review, 2004, 79 (2): 251 –275.

[2] Akelof G A. The Market for "Lemons": Quality, Uncertainty, and the Market Mechanism [J]. Quarterly Journal of Economics, 1970 (84): 488 –500.

[3] Ang J S, Brau J C. Firm Transparency and the Costs of Going Public [J]. The Journal of Financial Research, 2002, XXV (1): 1 –17.

[4] Angwin D. Mergers and Acquisitions across European Borders: National Perspectives on Preacquisition Due Diligence and the Use of Professional Advisers [J]. Journal of World Business, 2001, 36 (1): 32 –75.

[5] Barbara C, Olle P. Who's Who in Venture Capital Research [J]. Technovation, 2006 (26): 142.

[6] Bebchuk L, Fried J, Walker D. Managerial Power and Rent Extraction in the Design of Executive Compensation [J]. University of Chicago Law Review, 2002 (69): 751 –846.

[7] Bebchuk L, Fried J. Executive Compensation As An Agency Problem [J]. Journal of Economic Perspectives, 2003 (17): 71 –92.

[8] Bemmels B, Lau D C. Local Union Leaders' Satisfaction with Grievance Procedures [J]. Journal of Labor Research, 2001 (22): 653 –667.

[9] Bento A M, White L F. Organizational Form, Performance and Information Costs in Small Businesses [J]. Journal of Applied Business Research, 2001 (17): 41 –61.

[10] Berle A, Means G. The Modern Corporation and Private Property [M]. New York: Macmillan, 1932.

[11] Bertrand M, Mullainathan S. Do CEOs Set Their Own Pay? The Ones Without Principals Do [J]. Quarterly Journal of Economics, 2001, 116 (3): 901 –923.

[12] Beyer J, Hassel A. The Effects of Convergence: Internationalization and the Changing Distribution of Net Value Added in Large German Firms [J]. Economy and Society, 2002 (31): 309 -332.

[13] Biais B, Perotti E. Entrepreneurs and New Ideas [J] . Discussion Paper, Toulouse University and CEPR, University of Amsterdam and CEPR, 2003.

[14] Bienz C. A Pecking Order of Venture Capital Exits—What Determines the Optimal Exit Channel for Venture Capital Backed Ventures [J]. Working Papers, Goethe - University Frankfurt, 2004: 1 -19.

[15] Bolton P, Scheinkman J, Xiong W. Executive Compensation and Short - Termist Behavior in Speculative Markets [J]. Review of Economic Studies, 2006, 73 (3): 577 -610.

[16] Bordewich J. So You Want to Make a Deal [J]. Business Without Borders, 1999 (9): 29 -34.

[17] Bottazzi L, Da Rin M, Hellmann T. The Changing Face of the European Venture Capital Industry: Facts and Analysis [J]. The Journal of Private Equity, 2004 (1): 26 -53.

[18] Bouresli A K, Davidson W N, Abdulsalam F A. Role of Venture Capitalists in IPO Corporate Governance and Operating Performance [J]. Quarterly Journal of Business & Economics, 2002, 41 (3 -4) : 71 -82.

[19] Brander J A, Amit R, Antweiler W. Venture Capital Syndication Improved Venture Selection Versus the Value - added Hypothesis [J]. Journal of Economics and Management Strategy, 2002, 11 (3): 423 -452.

[20] Brav A, Gompers P. Myth or Reality: The Long - run Underperformance of Initial Public Offering: Evidence from Venture and Non Venture - backed Companies [J]. Journal of Finance, 1997, 4 (52): 1791 -1820.

[21] Bruce Kogut, Pietro Urso, Gordon Walker. Emergent Properties of a New Financial Market: American Venture Capita Syndication, 1960 -2005 [J]. Management Science, 2007, 53 (7): 1181 -1198.

[22] Bruslerie H de La, Deffains - Crapsky C. Information Asymmetry, Contract Design and Process of Negotiation: The Stock Options Awarding Case [J]. Journal of Corporate Finance, 2008, 14 (2): 73 -91.

[23] Bruton G D, Keels J K, Scifres E L. Corporate Restructuring and Performance: An Agency Perspective on the Complete Buyout Cycle [J]. Journal of Business Research, 2002 (55): 709 -724.

[24] Bruton G D, Keels J K, Scifres E L. Corporate Restructuring and Performance: An Agency Perspective on the Complete Buyout Cycle [J]. Journal of Business Research, 2002 (55): 709 – 724.

[25] Can Kut, Bengt Pramborg, Jan Smolarski. Risk Management in European Private Equity Funds: Survey Evidence [J]. The Journal of Private Equity, 2006, 9 (3): 42.

[26] Can Kut, Jan Smolarski. Risk Management in Private Equity Funds: A Comparative Study of Indian and Franco – German Funds [J]. Journal of Developmental Entrepreneurship, 2006, 11 (1): 35 – 55.

[27] Cao J, Lerner J. The Performance of Reverse Leveraged Duyouts [J]. Journal of Financial Economics, 2009 (91): 139 – 157.

[28] Casamatta C, Haritchabalet C. Learning and Syndication in Venture Capital Investments [J]. Discussion Paper 3867, CEPR, 2003.

[29] Catherine Casamatta, Carole Haritchabalet. Experience, Screening and Syndication in Venture Capital Investments [J]. Journal of Finance Intermediation, 2007 (16): 368 – 398.

[30] Chang – Yung Kung, Kun – Li Wen. Applying Grey Relational Analysis and Grey Decision – Making to Evaluate the Relationship Between Company Attributes and Its Financial Performance—A Case Study of Venture Capital Enterprises in Taiwan [J]. Decision Support Systems, 2007 (43): 842 – 852.

[31] Charles J Cuny, Eli Talmor. A Theory of Private Equity Turnarounds [J]. Journal of Corporate Finance, 2007 (13): 629 – 646.

[32] Chen J. Ownership Structure as Corporate Governance Mechanism: Evidence from Chinese Listed Companies [J]. Economics of Planning, 2001 (34): 53 – 72.

[33] Choe C. Leverage, Volatility and Executive Stock Options [J]. Journal of Corporate Finance, 2003 (9): 591 – 609.

[34] Christian Diller, Christoph Kaserer. What Drives Private Equity Returns – Fund Inflows, Skilled GPs, and/or Risk [J]. European Financial Management, 2008, 00 (0): 1 – 33.

[35] Christian Hopp, Finn Rieder. What Drives Venture Capital Syndication [R]. Working Paper, University of Konstanz, 2006: 1 – 44.

[36] Claudia Champagne, Lawrence Kryzanowski. The Impact of Past Syndicate Alliances on the Consolidation of Financial Institutions [J]. Financial Management, 2008, Autumn: 535 – 569.

[37] Coffey J, Garrow U, Holbeche L. Reaping the Benefits of Mergers and Acquisitions [M]. Oxford: Butterworth - Heinemann, 2002.

[38] Core J, Guay W, Larker F. Executive Equity Compensation and Incentive: A Survey [R]. Working Paper, Wharton School, 2001.

[39] Cumming D J, Machintosh J G. A Cross - Country Comparison of Full and Partial Exits [J]. Journal of Banking and Science, 2003 (27): 511 - 548.

[40] Cumming D J, Machintosh J G. Venture Capital Exits in Canada and the United States [J]. University of Toronto Law Journal, 2003 (53): 101 - 200.

[41] Cumming D J, Machintosh J G. Venture Capital Investment Duration in Canada and the United States [J]. Journal of Multinational Financial Management, 2001 (11): 445 - 463.

[42] Cumming D J. Agency Costs, Institutions, Learning, and Taxation in Venture Capital Contracting [J]. Journal of Business Venturing, 2005, 20 (5): 573 622.

[43] Cumming D, Johan S A. Provincial Preferences in Private Equity [J]. Financial Markets Portfolio Management, 2006 (20): 369 - 398.

[44] Cumming D, Schmidt D, Walz U. Legality and Venture Capital Governance around the World [J]. Journal of Business Venturing, 2010, 25 (1): 54 - 72.

[45] Cumming D, Walz U. Private Equity Returns and Disclosure around the World [R]. Working Paper, Center for Financial Studies, 2004.

[46] Cumming D, Zambelli S. Private Equity Performance under Extreme Regulation [J]. Journal of Banking & Finance, 2013, 37 (5): 1508 - 1523.

[47] Da Silva, Rosa R, Lee P, Skott M, Walter T. Competition in the Market for Takeover Advisers [J]. Australian Journal of Management, 2004 (29, Special issue): 61 - 92.

[48] Dangl Thomas. Investment and Capacity Choice under Uncertain Demand [J]. European Journal of Operational Research, 1999 (117): 415 - 428.

[49] De Clerq D, Dinov D. Explaining Venture Capital Firms' Syndication Behavior A Longitudinal Study [J]. Venture Capital, 2004 (6): 243.

[50] Dessein W. Information and Control in Alliances&Ventures [J]. Journal of Finance, 2005 (60): 2513 - 2549.

[51] Donaldson G. Corporate Debt Capacity: A Atudy of Corporate Debt Policy and the Determinants of Corporate Debt Capacity [M]. Boston, MA: Harvard University Press, 1961.

[52] Donaldson L. The Ethereal Hand: Organizational Economics and Manage-

ment Theory [J]. Academy of Management Review, 1990 (15): 369 -381.

[53] Douglas Cumming, Daniel Schmidt, Uwe Walz. Legality and Venture Capital Governance around the World [J]. Journal of Business Venturing, 2008 (2): 25 -28.

[54] Douglas Cumming, Sofia Atiqah Binti Johan. Provincial Preferences in Private Equity [J]. Financial Markets Portfolio Management, 2006 (20): 369 -398.

[55] Douglas Cumming, Sofia Atiquah Binti Johan. Advice and Monitoring in Venture Finance [J]. Financial Markets Portfolio Management, 2007 (21): 3 -43.

[56] Douglas Cumming. Government Policy Towards Entrepreneurial Finance: Innovation Investment Funds [J]. Journal of Business Venturing, 2007 (22): 193 -235.

[57] Duffner S. Principal - agent Problems in Venture Capital Finance [R]. Working Paper, University of Basel, 2003: 0 -103.

[58] Erik E. Lelunanm. Does Venture Capital Syndication Spur Employment Growth and Shareholder Value? Evidence from German IPO Data [J]. Small Business Economics, 2006 (26): 455 -464.

[59] Espenlauba S, Khursheda A, Mohamedb A. Venture Capital Exits in Domestic and Cross - border Investments [J]. Journal of Banking & Finance, 2015 (53): 215 -232.

[60] EVCA. EVCA Barometer February 2005 [J]. Research Note, 2005, February: 1 -12.

[61] EVCA. EVCA Yearbook 1998: A Survey of Private Equity & Venture Capital in Europe [M]. Zaventem, Belgium: European Private Equity & Venture Capital Association, 1998.

[62] Feaver P D. Crisis As Shirking: An Agency Theory Explanation of the Souring of American Civil—Military Relations [J]. Armed Forces and Society, 1998 (24): 407 -434.

[63] Fenn G W, Liang N, Prowse S. The Economics of the Private Equity Market [R]. Working Paper, No. 168, Board of Governors of the Federal Reserve System, 1995: 0 -69.

[64] Fields P, Fraser D, Bhargava R. A Comparison of Underwriting Costs of Initial Public Offerings by Investment and Commercial Banks [J]. The Journal of Financial Research, 2003, XXVI (4): 517 -534.

[65] Florin A Dorobantu. Syndication and Partial Exit in Venture Capital A Signaling Approach [R]. Working Paper, 2006.

[66] Franchino F. Control of the Commission's Executive Functions: Uncertain-

ty, Conflict and Decision Rules [J]. European Union Politics, 2000, 1 (1): 63-92.

[67] Gennaro Bernile, Douglas Cumming, Evgeny Lyandres. The Size of Venture Capital and Private Equity Fund Portfolios [J]. Journal of Corporate Finance, 2007 (13): 564-590.

[68] Gilson R, Schizer D. Understanding Venture Capital Structure: A Tax Explanation for Convertible Preferred Stock [J]. Harvard Law Review, 2003 (116): 874-899.

[69] Gompers P, Lerner J. The Venture Capital Cycle [M]. Cambridge: MIT Press, 2004.

[70] Gompers P, Lerner J. The Venture Capital Revolution [J]. Journal of Economic Perspectives, 2001, 15 (2): 145-168.

[71] Gompers P, Lerner J. Venture Capital Distributions: Short-run and Long-run Reactions [J]. The Journal of Finance, 1998, 53 (6): 2161-2183.

[72] Gompers P. Grandstanding in the Venture Capital Industry [J]. Journal of Financial Economics, 1996 (42): 133-156.

[73] Grenadier S R, Weiss A M. Investment in Technological Innovations: An Option Pricing Approach [J]. Journal of Financial Economics, 1997, 44 (3): 397-416.

[74] Groh A P, von Liechtenstein H. How Attractive is Central Eastern Europe for Risk Capital Investors? [J]. Journal of International Money and Finance, 2009, 28 (4): 625-647.

[75] Grosman S, Hart O. An Analysis of the Principal-agent Problem [J]. Econometrica, 1983 (51): 7-45.

[76] Guielford J P. Fundamental Statics in Psychology and Education [M]. New York: Mc Craw-Hill, 1965.

[77] Guston D H. Stabilizing the Boundary Between US Politics and Science: The Role of the Office of Technology Transfer As A Boundary Organization [J]. Social Studies of Science, 1999 (29): 87-111.

[78] Hall B H. The Financing of Research and Development [R]. Working Paper, No. 8773, National Bureau of Economic Research, 2002: 0-34.

[79] Hall B, Liebman B. Are CEOs Really Paid Like Bureaucrats Quarterly [J]. Journal of Economics, 1998, CXIII (3).

[80] Hall B, Murphy K. Stock Options for Undiversified Executives [J]. Jour-

nal of Accounting and Economics, 2002 (33): 3 -42.

[81] Hall B, Murphy K. The Trouble with Stock Options [J]. Journal of Economic Perspectives, 2003 (17): 49 -70.

[82] Hermalin B E, Wallace N E. Firm Performance and Executive Compensation in the Savings and Loan Industry [J]. Journal of Financial Economics, 2001 (61): 139 -170.

[83] Hjortshoj T. Managerial Risk - shifting Incentives of Option Based Compensation: Firm Risk, Leverage, and Moneyness [J]. Paper Presented at the Vienna EFMA meeting, 2007.

[84] Holmstrom B. Moral Hazard and Observability [J]. Bell Journal of Economics, 1979 (10): 74 -91.

[85] Hubbard T N. The Demand for Monitoring Technologies: The Case of Trucking [J]. Quarterly Journal of Economics, 2000 (115): 533 -560.

[86] Hunter W C, Jagtiani J. An Analysis of Advisor Choice, Fees, and Effort in Mergers and Acquisitions [J]. Review of Financial Economics, 2003 (12): 65 -81.

[87] Igor Filatotchev, Mike Wright, Mufit Arberk. Venture Capitalists, Syndication and Governance in Initial Public Offerings [J]. Small Business Economics, 2006 (26): 337 -350.

[88] Inderst R, Müller H. The Effect of Capital Market Characteristics on the Value of Start - up Firms [J]. Journal of Financial Economics, 2004 (72): 319 -356.

[89] Jan Smolarski, Hira Verick, Sarah Foxen, Can Kut. Risk Management in Indian Venture Capital and Private Equity Firms: A Comparative Study [J]. Thunderbird International Business Review, 2005, 47 (4): 469 -488.

[90] Jan Smolarski. Investment Analysis in the Private Equity Industry: A Study of La Porta's Argument [J]. International Journal of Emerging Markets, 2007, 2 (4): 335 -347.

[91] Jensen M, Meckling W. Theory of the Firm: Managerial Behavior, Agency Costs, and Capital Structure [J]. Journal of Financial Economics, 1976 (3): 305 -360.

[92] Jensen M, Murphy K. Remuneration: Where We've been, How We Got to Here, What are the Problems, and How to Fix Them [R]. Working Paper, ECGI, 2004: 44.

[93] Jensen M. A Theory of the Firm: Governance, Residual Claims, and Organizational Forms [J]. Boston: Harvard University Press, 2000.

[94] Kaplan S N, Ruback R S. The Valuation of Cash Flow Forecasts: An Empir-

ical Analysis [J]. The Journal of Finance, 1995, 1 (4): 1059 - 1093.

[95] Kaplan S, Strömberg P. Contracts, Characteristics, and Actions: Evidence from Venture Capitalist Analyses [J]. Journal of Finance, 2004 (59): 2177 - 2210.

[96] Kaplan S, Strömberg P. Financial Contracting Meets the Real World: An Empirical Study of Venture Capital Contracts [J]. Review of Economic Studies, 2003 (70): 281 - 315.

[97] Kaplan S, Strömberg P. Venture Capitalists As Principals: Contracting Screening and Monitoring [J]. American Economic Review Papers and Proceedings, 2001 (91): 426 - 430.

[98] Kasper Meisner Nielsen. Institutional Investors and Private Equity [J]. Review of Finance, 2008 (12): 185 - 219.

[99] Katleen Baeyens, Sophie Manigart. Follow - on Financing of Venture Capital Backed Companies: The Choice Between Debt, Equity, Existing and New Investors [R]. Working Paper, Vlerick Leuven Gent Management School, 2006: 1 - 51.

[100] Kay Müller . Investing in Private Equity Partnerships: The Role of Monitoring and Reporting. [M]. GWiesbaden: WV Fachverlage GmbH, 2008.

[101] Keiber K. Managerial Compensation Contracts and Overconfidence [R]. Working Paper, Durham Behavioral Finance EFMA Meeting, April, 2006.

[102] Kirilenko A. Valuation and Control in Venture Finance [J]. Journal of Finance, 2001 (56): 565 - 587.

[103] Kiser E. Comparing Varieties of Agency Theory in Economics, Political Science, and Sociology: An Illustration from State Policy Implementation [J]. Sociological Theory, 1999 (17): 146 - 170.

[104] Kraft V. Private Equity für Turnaround - Investitionen: Erfolgsfaktoren In Der Managementpraxis [J]. Frankfurt am Main: Campus, 2001.

[105] Krishnaswami S, Pottier S. Agency Theory and Participating Policy Usage Evidence from Stock Life Insurers [J]. Journal of Risk and Insurance, 2001 (68): 659 - 683.

[106] Kushner M. Searching for Exits in a Challenging Market [J]. International Financial Law Review, 2004, Supplement: 95 - 98.

[107] Kut C, Pramborg B, Smolarski J. Risk Management in European Private Equity Funds: Survey Evidence [J]. The Journal of Private Equity, 2006, 9 (3): 42.

[108] Kut C, Smolarski J. Risk Management in Private Equity Funds: A Comparative Study of Indian and Franco - German Funds [J]. Journal of Developmental

Entrepreneurship, 2006, 11 (1): 35 -55.

[109] Kuzneski J, Landen R. Looking through the PIPE: Opportunities for Private Equity Investors [J]. Alt Assets News Letter, 2006, June: 28.

[110] Laffont J J. Incentives and Political Economy [M]. Oxford: Oxford University Press, 2000.

[111] Lambert R A. Contracting Theory and Accounting [J]. Journal of Accounting and Economics, 2001 (32): 3 -87.

[112] Lambrecht B, Perraudin W. Real Options and Preemption [R]. Working Paper, Cambridge University, 1996.

[113] Lenoir W. Gestaltung des Exits Als Begleitender Prozess in der Investitionsphase und der Beteiligungsverwaltung, in: JUGEL, S. (ed): Private Equity Investments: Praxis des Beteiligungs managements [J]. Wiesbaden: Gabler, 2003.

[114] Lerner J, Hardymon F. Venture Capital and Private Equity—A Casebook: Volume II [M]. New York: John Wiley & Sons, Inc, 2002.

[115] Lerner J. Venture Capital and Private Equity—A Casebook [M]. New York: John Wiley & Sons, Inc, 1999.

[116] Lerner. The Syndication of Venture Capital Investments [J]. Journal of Financial Economics, 1994 (35): 293 -316.

[117] Leschke J. Exiterfahrungen im deutschen Beteiligungsmark [J] t. in: JUGEL, S. (ed): Private Equity Investments: Praxis des Beteiligungs managements. Wiesbaden: Gabler, 2003.

[118] Lieber D. Proactive Portfolio Management: Manage Now to Realize Returns Later [J]. The Journal of Private Equity, 2004 (1): 72 -82.

[119] Lin T H, Smith R L. Insider Reputation and Selling Decisions: the Unwinding of Venture Capital Investments During Equity IPOs [J]. Journal of Corporate Finance, 1998 (4): 241 -263.

[120] Ljungqvist A, Richardson M. The Investment Behavior of Private Equity Fund Managers [R]. Working Paper, RICAFE, 2003.

[121] Lockett A, Wright M. The Structure and Management of Syndicated Venture Capital Investments [J]. The Journal of Private Equity, 2002, 5 (1): 72 -83.

[122] Lockett A, Wright M. The Syndication of Private Equity Evidence from UK [J]. Venture Capital, 1999 (1): 303 -324.

[123] Lockett A, Wright M. The Syndication of Venture Capital Investments [J]. Omega, 2001 (29): 375 -390.

[124] Majone G. Nonmajoritarian Institutions and the Limits of Democratic Governance: A Political Transaction – cost Approach [J]. Journal of Institutional and Theoretical Economics, 2000 (157): 57 – 78.

[125] Manigart S et al. Venture Capitalists' Decision to Syndicate [J]. Entrepreneurship Theory and Practice, 2006 (30): 131.

[126] Marina Balboa, José Martí. Factors That Determine the Reputation of Private Equity Managers in Developing Markets [J]. Journal of Business Venturing, 2007 (22): 453 – 480.

[127] Martens B et al. The Institutional Economics of Foreign Aid [M]. Cambridge: Cambridge University Press, 2002.

[128] Martin K, Thomas R. When is Enough, Enough? Market Reaction to Highly Dilutive Stock Option Plans and the Subsequent Impact on CEO Compensation [J]. Journal of Corporate Finance, 2005 (11): 61 – 83.

[129] Mclaughlin R. Investment – banking Contracts in Tender Offers: An Empirical Analysis [J]. Journal of Financial Economics, 1990 (28): 209 – 232.

[130] Meek V. When is An Exit not An Exit? [J]. European Venture Capital Journal, 2005, December / January: 23 – 25.

[131] Merton R C. Application of Option – pricing Theory: Twenty – five Years Later [J]. American Economic Reviews, 1998 (6): 323 – 349.

[132] Merton R C. On the Pricing of Contingent Claims and the Modigliani – Miller Theorem [J]. Journal of Financial Economics, 1977, 5 (3): 241 – 249.

[133] Miguel Meuleman, Sophie Manigart, Andy Lockett, Mike Wright. Transaction Costs, Behavioral Uncertainty and the Formation of Interfirm Cooperations: Syndication in the UK Private Equity [R]. Working Paper, Ghent University, 2006: 1 – 51.

[134] Mike Wright, Andy Lochett. The Structure and Management of Alliances Syndication in the Venture Capital Industry [J]. Journal of Management studies, 2003 (40): 8.

[135] Mike Wright, Charlie Weir, Andrew Burrows. Irrevocable Commitments, Going Private and Private Equity [J]. European Financial Management, 2007, 13 (4): 757 – 775.

[136] Miller G J, Whitford A B. Trust and Incentives in Principal – agent Negotiations: the "Insurance/Incentive Trade – off" [J]. Journal of Theoretical Politics, 2002 (14): 231 – 267.

[137] Miller J L. The Board as a Monitor of Organizational Activity: the Applica-

bility of Agency Theory to Nonprofit Boards [J]. Nonprofit Management and Leadership, 2002 (12): 429 -450.

[138] Narayanan M, Seyhun H. Dating Games: Do Managers Designate Grant Dates to Increase their Compensation [R]. Working Paper, University of Michigan, April, 2006.

[139] Neus W, Walz U. Exit Timing of Venture Capitalists in the Course of an Initial Public Offering [J]. Journal of Financial Intermediation, 2005, 14 (2): 253 - 277.

[140] O' Sullivan N. The Determinants of Non - executive Representation on the Boards of Large UK Companies [J]. Journal of Management and Governance, 2000 (4): 283 -297.

[141] Olav Sorenson, Toby E Stuart. Bringing the Context Back in: Settings and the Search for Syndicate Partners in Venture Capital Investment Networks [J]. Administrative Science Quarterly, 2008 (53): 266 -294.

[142] Ottoo Richard. Valuation of Internal Growth Opportunities: The Case of A Biotechnology Company [J]. The Quarterly Review of Economics and Finance, 1998, Special Issue (38): 537 -567.

[143] Paul Gompers, Anna Kovner Josh Lerner, David Scharfstein. Venture Capital Investment Cycles: The Impact of Public Markets [J]. Journal of Financial Economics, 2008 (87): 1 -23.

[144] Pennings E, Lint O. Market Rntry, Phased Rollout or Abandonment? A Real Option Approach [J]. European Journal of Operational Research, 2000 (124): 115 -138.

[145] Pichler P, Wilhelm W. A Theory of the Syndicate: Form Follows Function [J]. The Journal of Finance, 2001 (56): 2237 -2264.

[146] Povaly S. Private Equity Exits Divestment Process Management for Leveraged Buyouts [M]. Berlin Heidelberg: Springer Press, 2007.

[147] Pratt S E. Guide to Venture Capital Sources [M]. Wellesley, MA: Capital Publishing, 1981.

[148] Rainer Lauterbach, Isabell M Welpe, Jan Fertig. Performance Differentiation: Cutting Losses and Maximizing Profits of Private Equity and Venture Capital Investments [J] . Financial Markets Portfolio Management, 2007 (21): 45 -67.

[149] Ralph Bachmann, Ibolya Schindele. Theft and Syndication in Venture Capital Finance [R]. Working Paper, Nanyang Technological University (NTU) - Divi-

sion of Banking & Finance, 2006: 4.

[150] Rau P R. Investment Bank Market Share, Contingent Fee Payments, and the Performance of Acquiring Firms [J]. Journal of Financial Economics, 2000 (56): 293-324.

[151] Rau P R. Investment Bank Market Share, Contingent Fee Payments, and the Performance of Acquiring Firms [J]. Journal of Financial Economics, 2000 (56): 293-324.

[152] Ross S. Compensation Incentives and the Duality of Risk Aversion and Riskiness [J]. Journal of Finance, 2004, 59 (1): 207-225.

[153] Ross S. The Economic Theory of Agency: The Principal's Problem [J]. American Economic Review, 1973 (63): 134-139.

[154] Ryan H, Wiggins R. Who is in Whose Pocket? Director Compensation, Board Independence, and Barriers to Effective Monitoring [J]. Journal of Financial Economics, 2004, 73 (3): 497-524.

[155] Sarkar M B, Aulakh P S, Cavusgil S T. The Strategic Role of Relational Bonding In Inter-organizational Collaborations: An Empirical Study of the Global Construction Industry [J]. Journal of International Management, 1998, 4 (2): 85-107.

[156] Sautner Z, Weber M. Corporate Governance and the Design of Stock Option Programs [R]. EFA Zurich Meetings. Working Paper, 2006.

[157] Senter J R, Flynn M S. Changing Interorganizational Patterns in the North American Automotive Supply Chain [J]. Applied Behavioral Science Review, 1999 (7): 59-80.

[158] Seppa T J, Laamanen T. Valuation of Venture Capital Investments: Empirical Evidence [J]. R & D Management, 2001, 2 (31): 215-230.

[159] Seppa T J. Essays on the Valuation and Syndication of Venture Capital Investments [D]. Dissertation, Helsinki University of Technology Institute of Strategy and International Business, 2003.

[160] Shefrin H. Behavioral Corporate Finance [J]. Journal of Applied Corporate Finance, 2001, 14 (3): 113-126.

[161] Short H, Keasey K, Duxbury D. Capital Structure, Management Ownership and Large External Shareholders: A UK Analysis [J]. International Journal of the Economics of Business, 2002 (9): 375-399.

[162] Silva D, Rosa R, Lee P, Skott M, Walter T. Competition in the Market for Takeover Advisers [J]. Australian Journal of Management, 2004, 29 (Special Is-

sue): 61 -92.

[163] Sinha A, Gonzales W, Aase J. Beyond M&A and IPOs: Exploring Alternative Liquidation/ Financing Options for Venture Capital Firms and Their Portfolio Companies [J]. The Journal of Private Equity, 2005 (2): 41 -55.

[164] Sophie Manigart, Andy Lockett, Miguel Meuleman, Mike Wright, Hans Landström, Hans Bruining, Philippe Desbrières, Ulrich Hommel. Why Do European Venture Capital Companies Syndicate [J]. Erasmus Research Institute of Management Report Series, Research in Management, 2002: 1 -37.

[165] Spremann K. Asymmetrische Information [J]. Zeitung für Betriebswirtschaft, 1990 (60): 561 -586.

[166] Stefan Povaly. Private Equity Exits Divestment Process Management for Leveraged Buyouts [M]. Berlin Heidelberg: Springer Press, 2007.

[167] Steven Anderson, Kevin Prokop, Robert S Kaplan. Fast - track Profit Models: More Powerful Due - Diligence Process for Mergers and Acquisition [J]. The Journal of Private Equity, 2007, 10 (3): 22.

[168] Steven N Kaplan, Per Strömberg. Leveraged Buyouts and Private Equity [R]. NBER Working Paper. 2008: 1 -41.

[169] Tarun M Stewart, Cyril S Shroff. Investing in Indian PIPEs [J]. The Journal of Private Equity, 2007, 10 (3): 87.

[170] Tellis G. The Price Sensitivity of Selective Demand: A Meta Analysis of Econometric Models of Sales [J]. Journal of Marketing Research, 1988, 25 (4): 391 -404.

[171] Tereza Tykvova. Who Chooses Whom? Syndication, Skills and Reputation [J]. Review of Financial Economics, 2007 (16): 5 -28.

[172] Thomas Hellmann. IPOs, Acquisitions, and the Use of Convertible Securities in Venture Capital [J]. Journal of Financial Economics, 2006 (81): 649 -679.

[173] Tykvova T. The Decision of Venture Capitalists on Timing and Extent of IPOs [R]. Working Paper, Centre for European Economic Research - Mannheim, 2003: 0 -22.

[174] Ulrich Lossen. Portfolio Strategies of Private Equity Firms Theory and Evidence [M]. Wiesbaden: GWV Fachverlage GmbH, 2007.

[175] Urban G, Hauser J. Design and Marketing New Products [M]. Englewood Cliffs, NJ: Prentice Hall, 1993.

[176] Von Werder A, Paul M. Private Equity Plays Bigger Role in M&A [J].

International Financial Law Review, 2005 (24): 25 - 28.

[177] Wall T D, Michie J, Patterson M, Wood S J, Sheehan M, Clegg C W, West M A. On the Validity of Subjective Measures of Company Financial Performance [J]. Personnel Psychology, 2004 (57): 95 - 118.

[178] Whaley M, Semler F J. International Business Acquisitions: Major Legal Issues and Due Diligence [M]. London: Kluwer Law International, 2002.

[179] White H. Agency as Control [M] //Pratt J, Zeckhauser R. Principals and Agents: The Structure of Business. Boston: Harvard Business Scholl Press, 1985: 187 - 214.

[180] Williamson O E. Managerial Discretion and Business Behavior [J]. American Economic Review, 1963 (53): 1032 - 1047.

[181] Wiseman R M, Gomez - Mejia L R. A Behavioral Agency Model of Managerial Risk Taking [J]. Academy of Management Review, 1998, 23 (1): 133 - 153.

[182] Wright M, et al. Finance and Management Buyouts: Agency Versus Entrepreneurship Perspectives [J]. Venture Capital, 2001 (3): 239 - 261.

[183] Wright M, Robbie K. Venture Capital and Private Equity: A Review and Synthesis [J]. Journal of Business Finance & Accounting, 1998, 25 (5 - 6): 521 - 570.

[184] Wright P, Mukhcrji A, Kroll M J. Are Examination of Agency Theory Assumptions: Extensions and Extrapolations [J]. Journal of Socio - Economics, 2001 (30): 413 - 429.

[185] Xu X E. Venture Capital and Buyout Funds as Alternative Equity Investment Classes [J]. Journal of Investing, 2004, 13 (4): 74 - 83.

[186] Yong Li. Duration Analysis of Venture Capital Staging: A Real Options Perspective [J]. Journal of Business Venturing, 2008 (23): 497 - 512.

[187] Zey M, Camp B. The Transformation From Multidimensional Form to Corporate Groups of Subsidies in the 1980s: Capital Crisis Theory [J]. The Sociological Quarterly, 1996 (37): 327 - 351.

[188] Zey M, Swenson T. The Transformation of the Dominant Corporate Form from Multidivisional to Multisubsidiary: The Role of the 1986 Tax Reform Act [J]. The Sociological Quarterly, 1999 (40): 241 - 267.

[189] Dixit A K, Pindyck R S. 不确定条件下的投资 [M]. 北京: 中国人民大学出版社, 2003.

[190] 安瑛晖, 张维. 期权博弈理论的方法模型分析与发展 [J]. 管理科学学报, 2001, 4 (1): 38 - 43.

[191] 陈黎明，邱菀华．不确定环境下新技术投资策略模型研究［J］．管理科学学报，2005，8（4）：9－13.

[192] 崔颖．加强对民间资本引导和管理的几点浅见［J］．浙江金融，2010（9）：28－29.

[193] 丁响．私募股权资本退出与公司治理因素关系的实证研究［J］．上海金融，2009（1）：33－37.

[194] 范柏乃，沈荣芳，马庆国．中国风险投资供给机制与发展策略研究［J］．上海交通大学学报（社会科学版），2001（1）：21－26.

[195] 范龙振，唐国兴．投资机会的价值与投资决策——几何布朗运动模型［J］．系统工程学报，1998，13（3）：8－12.

[196] 高杰．中国 PE 基金、现状、问题与对策建议［J］．福建论坛·人文社会科学版，2012（3）：39－42.

[197] 顾新莲．民间资本对区域经济发展的影响研究［J］．宏观经济管理，2013（8）：70－71.

[198] 郭明伟．利用民间资本发展我国风险投资的策略［J］．科技进步与对策，2009（15）：16－19.

[199] 郭文超，梁洪．推进民间资本进入金融服务领域的对策研究［J］．农业经济，2011（7）：62－63.

[200] 韩克勇．我国 PE 发展方向研究［J］．现代经济探讨，2014（3）：15－18.

[201] 胡岳岷．激活民间资本促进经济发展［J］．中央财经大学学报，2004（5）：61－65.

[202] 霍达．美国证券私募发行制度研究［J］．市场动态，2014（6）：4－8.

[203] 简慧．我国 PE 市场分析［J］．南方金融，2012（9）：61－63.

[204] 李富有，周新辉．民间资本规范化发展的路径选择［J］．探索与争鸣，2015（1）：64－67.

[205] 李洪江，曲晓飞，冯敬海．阶段性投资最优比例问题的实物期权方法［J］．管理科学学报，2003，6（1）：20－26.

[206] 李建伟．投资率和消费率演变特征的国际比较［J］．中国金融，2007（8）：49－51.

[207] 李静．关于我国私募股权基金税收政策的探讨［J］．税务研究，2011（4）：84－86.

[208] 李小忠．我国 PE 的发展对策［J］．河北经贸大学学报，2009，30（4）：12－18.

［209］厉以宁．如何给中国民间资本找出路［J］．当代经济，2006，10（下）：1.

［210］梁清华．论我国私募信息披露制度的完善［J］．中国法学，2014（5）：149－159.

［211］凌秀丽，陈浩，陈铀．对我国私募基金的思考［J］．中央财经大学学报，2002（6）：37－39.

［212］龙勇，漆东，龙健．战略联盟中的诚信机制［J］．工业技术经济，2004（3）：56－58.

［213］吕海宁．PE 基金税法问题研究［J］．财经问题研究，2013（1）：73－77.

［214］马宁．关于我国 PE 市场发展现状及问题研究［J］．现代管理科学，2011（12）：79－81.

［215］潘红波，夏新平，余明桂．政府干预、政治关联与地方国有企业并购［J］．经济研究，2008（4）：41－52.

［216］田惠敏．谈民营企业融资难问题及发展私募股权融资策略选择［J］．商业时代，2012（4）：68－69.

［217］聂名华，杨飞虎．中国 PE 市场的运行态势与发展建议［J］．宁夏社会科学，2010（3）：37－40.

［218］王金荣，邢彤．鼓励与引导民间资本健康发展的法律与政策问题研究［J］．经济视角，2013（18）：151－153.

［219］王雷，党兴华．联合投资伙伴选择伙伴关系与风险企业成长绩效关系研究［J］．商业经济与管理，2008，198（4）：67－75.

［220］王荣芳．论我国 PE 基金监管制度之构建［J］．比较法研究，2012（1）：48－58

［221］王守仁．我国创投业当务之急重在扶持［J］．中国投资，2004（10）：16.

［222］王希宁．我国民间资本介入金融业的发展现状、诉求、障碍及政策建议［J］．武汉金融，2012（2）：68－71.

［223］王颖．PE：现状、机遇与发展建议［J］．理论探索，2010（6）：68－71.

［224］王勇．民间资本投资渠道拓展对策——宁波市民间资本投资现状调查分析［J］．金融论坛，2005，10（1）：45－49.

［225］吴翔．民间资本不能充分启动的原因及其对策思考［J］．生产力研究，2004（1）：131－132，135.

［226］吴晓灵．发展私募股权基金服务滨海新区自主创新［J］．港口经济，2006（6）：8－9.

[227] 夏斌．全球经济局势变化下的中国金融改革思考［J］．中国金融，2007（5）：48－49.

[228] 谢识予．经济博弈论［M］．上海：复旦大学出版社，1997.

[229] 杨春鹏．实物期权及其应用［M］．上海：复旦大学出版社，2003.

[230] 尹久，刘曼红，郭风华．风险投资软环境中的风险投资家［J］．商业研究，2006（19）：148－150.

[231] 张锋学．PE 基金监管的法律分析［J］．河北法学，2013（6）：121－125.

[232] 张杰．私募股权基金发展转型与创新研究——基于天津私募股权基金行业的分析及启示［J］．微观结构，2014（1）：53－60.

[233] 张守一．现代经济对策论［M］．北京：高等教育出版社，1998.

[234] 张苏江，李心丹，俞红海等．中国私募股权功能及未来发展模式探析［J］．南京社会科学，2014（6）：23－28.

[235] 张兴巍，李浩，张茜等．我国 PE 市场发展的问题与对策［J］．经济纵横，2013（8）：98－101.

[236] 张兴巍．我国 PE 市场发展的问题与对策［J］．经济纵横，2013（8）：98－101.

[237] 张旭波．PE 的风险规避研究［D］．武汉：华中科技大学，2009.

[238] 张远军．激活民间资本的制约因素及对策［J］．当代经济研究，2004（6）：65－67.

[239] 赵玉．论 PE 基金的政府差异性监管路径［J］．社会科学，2012（10）：104－112.

[240] 赵玉．PE 基金管理人准入机制研究［J］．法律科学，2013（4）：165－173.

[241] 周立平．发展私募股权融资促进民间资本流动——常州私募股权资本发展现状及对策研究［J］．市场周刊·理论研究，2011（5）：83－84，71.

[242] 朱灿，云佳祺．中国制度环境下 PE 现状与趋势［J］．经济与管理研究，2013（5）：124－128.

[243] 朱灿．基于灰色博弈论的 PE 基金监管研究［J］．东北大学学报，2013（7）：1057－1060.

# 附录 PE资金来源、投资及退出影响因素调查问卷

尊敬的女士/先生：

感谢您在百忙之中抽出时间参与本问卷调研：

本问卷旨在调查PE的资金来源、投资影响因素及退出等问题，以完成笔者主持的教育部人文社科基金等课题。您的填写对此研究有很大的贡献！

本问卷仅为研究之用，采用匿名的方式进行，内容不涉及您个人和贵公司的商业机密，我们保证遵守调查道德，对您提供的任何信息严格保密，敬请您根据真实情况安心作答，在您认为合适的选项上打“√”。

如果您需要了解本研究的结论，请留下您的E-mail：________

非常感谢您的合作，祝您身体健康，工作愉快！

联系人：张旭波

E-mail：Xubo-zhang@163.com

## 一、公司的基本情况：（请根据您所在公司的情况填写或在“□”内打“√”）

1. 公司成立的时间：________年

2. 公司所在的地区：________省________市________区

3. 目前拥有的员工数：□10人以下；□10~20人；□20~50人；
□50~100人；□100人以上

4. 企业管理资产规模：□5000万元以下；□5000万~1亿元；
□1亿~5亿元；□5亿~10亿元；
□10亿元以上

5. 公司的所有制性质：□国有（国有控股）；□集体；□私营/民营（控股）；□外商投资；□个人/合伙；□其他（请注明）：________

6. 公司的组织形式：□股份有限公司；□有限责任公司；□有限合伙公司；

□普通合伙公司；□个人独资

7. 公司注册地：________________

8. 是否是国际 PE 分支机构：□是；　□否

9. 公司是否上市：□是（公司上市地：）________；□否

10. 公司管理的基金个数：________个；其中：种子期（对一个商业设想的发展模式提供少量的资本）________个；设立期（为产品开发和最初市场活动提供需要的资本）________个；第一期（为产品生产和商业化提供投资）________个；第二期（为年轻企业的第一个成长期提供周转资金和所需要的资金）________个；第三期（为成长期公司提供扩张所需资金）________个；

过桥/Pre－IPO（为上市前的公司提供轮次的投资）________个；收购基金（从事并购）________个；重振/危困基金（对危困企业提供“重振投资”基金）________个；混合阶段投资：________个。

11. 管理基金的平均规模：□5000 万元以下；□5000 万～1 亿元；□1 亿～5 亿元；□5 亿～10 亿元；□10 亿元以上；

其中：种子期基金平均规模________；设立期基金平均规模________；第一期基金平均规模________；第二期基金平均规模________；第三期基金平均规模________；重振/危困基金平均规模____________________。

12. 主要投资行业：□互联网；□电信及增值；□IT；□能源及矿业；□制造业；□化学工业；□建筑建材；□交通运输；□汽车；□农林牧渔；□金融；□医疗健康；□连锁经营；□食品饮料；□文化传媒；□教育及人力资源；□旅游；□房地产；□公用事业；□综合

## 二、资金募集影响因素

13. 资金来源：政府出资________%；国有企业出资________%；海外机构（个人）出资________%；民营企业出资（非上市）________%；上市公司出资________%；个人或个人独资公司出资________%；其他（请说明）__________。

14. 近三年来，公司资金来源中增长最快的是：□国有（国有控股）企业投资；□私营/民营（控股）企业投资；□外商投资；□个人（家庭）/合伙投资；□其他（请说明）：________________________。

15. 全社会民间资本总量的变化：（1 为减少很多；2 为减少一些；3 为基本不变；4 为增加一些；5 为增加很多）

| 近三年来，全社会民间资本总量 | 1 | 2 | 3 | 4 | 5 |
|---|---|---|---|---|---|

续表

| | | | | | |
|---|---|---|---|---|---|
| 近三年来，全社会民间资本与非民间资本的相对增加量 | 1 | 2 | 3 | 4 | 5 |
| 近三年来，民间资本总量流动性 | 1 | 2 | 3 | 4 | 5 |

16. 募集资金中民间资本数量的变化：（1 为减少很多；2 为减少一些；3 为基本不变；4 为增加一些；5 为增加很多）

| | | | | | |
|---|---|---|---|---|---|
| 近三年来，募集资金中民间资本的数量 | 1 | 2 | 3 | 4 | 5 |
| 近三年来，募集资金中民间资本所占的比重 | 1 | 2 | 3 | 4 | 5 |
| 近三年来，民间资本总量的变化情况量 | 1 | 2 | 3 | 4 | 5 |

17. 替代投资品收益的变化（1 为减少很多；2 为减少一些；3 为基本不变；4 为增加一些；5 为增加很多）

| | | | | | |
|---|---|---|---|---|---|
| 近三年来，股票投资收益 | 1 | 2 | 3 | 4 | 5 |
| 近三年来，债券投资收益 | 1 | 2 | 3 | 4 | 5 |
| 近三年来，黄金投资收益 | 1 | 2 | 3 | 4 | 5 |
| 近三年来，外汇投资收益 | 1 | 2 | 3 | 4 | 5 |
| 近三年来，金融衍生品投资收益 | 1 | 2 | 3 | 4 | 5 |
| 近三年来，房地产投资收益 | 1 | 2 | 3 | 4 | 5 |
| 近三年来，其他实物投资收益 | 1 | 2 | 3 | 4 | 5 |

18. 替代投资品投资支持政策的变化：（1 为非常不同意；2 为不同意；3 为不确定；4 为同意；5 为非常同意）

| | | | | | |
|---|---|---|---|---|---|
| 近三年来，股票投资限制减少 | 1 | 2 | 3 | 4 | 5 |
| 近三年来，债券投资限制减少 | 1 | 2 | 3 | 4 | 5 |
| 近三年来，外汇投资限制减少 | 1 | 2 | 3 | 4 | 5 |
| 近三年来，黄金投资限制减少 | 1 | 2 | 3 | 4 | 5 |
| 近三年来，金融衍生品投资限制减少 | 1 | 2 | 3 | 4 | 5 |
| 近三年来，房地产投资限制减少 | 1 | 2 | 3 | 4 | 5 |
| 近三年来，其他实物投资限制减少 | 1 | 2 | 3 | 4 | 5 |

19. 税收的变化：（1 为减少很多；2 为减少一些；3 为基本不变；4 为增加一些；5 为增加很多）

| PE 收益的税收 | 1 | 2 | 3 | 4 | 5 |
|---|---|---|---|---|---|

20. 税收的变化（政府方面）：（1 为非常不同意；2 为不同意；3 为不确定；4 为同意；5 为非常同意）

| 政府对 PE 收益的税收减免减少 | 1 | 2 | 3 | 4 | 5 |
|---|---|---|---|---|---|
| 政府对 PE 收益的税收补贴减少 | 1 | 2 | 3 | 4 | 5 |

21. 政府政策支持的变化：（1 为非常不同意；2 为不同意；3 为不确定；4 为同意；5 为非常同意）

| 和其他投资相比，近三年来，国家对 PE 有补贴政策 | 1 | 2 | 3 | 4 | 5 |
|---|---|---|---|---|---|
| 和其他投资相比，近三年来，地方政府对 PE 有补贴 | 1 | 2 | 3 | 4 | 5 |
| 国家对 PE 发展的政策支持增加 | 1 | 2 | 3 | 4 | 5 |
| 国家对 PE 发展政策限制的减少 | 1 | 2 | 3 | 4 | 5 |
| 地方政府对 PE 发展的政策支持增加 | 1 | 2 | 3 | 4 | 5 |
| 地方政府对 PE 发展政策限制的减少 | 1 | 2 | 3 | 4 | 5 |

22. 与其他 PE 公司相比，您所在公司高管和基金管理人：（1 为非常不同意；2 为不同意；3 为不确定；4 为同意；5 为非常同意）

| 不满足现状 | 1 | 2 | 3 | 4 | 5 |
|---|---|---|---|---|---|
| 经常设置有挑战性的目标 | 1 | 2 | 3 | 4 | 5 |
| 不轻易放弃目标 | 1 | 2 | 3 | 4 | 5 |
| 有相同的价值取向 | 1 | 2 | 3 | 4 | 5 |
| 管理目标与公司经管目标一致 | 1 | 2 | 3 | 4 | 5 |
| 经常主动从不同渠道收集市场信息 | 1 | 2 | 3 | 4 | 5 |
| 经常主动鉴别可利用的投资机会 | 1 | 2 | 3 | 4 | 5 |
| 能迅速察觉公司内部的问题并主动解决 | 1 | 2 | 3 | 4 | 5 |
| 能较快察觉投资者的需求 | 1 | 2 | 3 | 4 | 5 |
| 面对环境变化，不断产生新的经营思路 | 1 | 2 | 3 | 4 | 5 |

续表

| | | | | | |
|---|---|---|---|---|---|
| 持续拓展资金募集渠道 | 1 | 2 | 3 | 4 | 5 |
| 持续改进基金运作模式 | 1 | 2 | 3 | 4 | 5 |
| 在面对挑战时，能团结一致 | 1 | 2 | 3 | 4 | 5 |
| 每位高管和基金经理都有自己的特长 | 1 | 2 | 3 | 4 | 5 |
| 高管和基金经理的工作能力和经历能够互补 | 1 | 2 | 3 | 4 | 5 |
| 高管和基金经理掌握的专门知识和技能对投资运作不可或缺 | 1 | 2 | 3 | 4 | 5 |
| 在企业发展问题上，高管和基金经理都能相互协商 | 1 | 2 | 3 | 4 | 5 |
| 在沟通协商时，高管和基金经理都能充分发表自己的观点 | 1 | 2 | 3 | 4 | 5 |
| 公司经常根据团队共商结果修订原投资方案 | 1 | 2 | 3 | 4 | 5 |

23. 与其他PE公司相比，在组织适应力方面，您所在的公司：（1为非常不同意；2为不同意；3为不确定；4为同意；5为非常同意）

| | | | | | |
|---|---|---|---|---|---|
| 我们有清晰、明确的企业发展目标 | 1 | 2 | 3 | 4 | 5 |
| 我们设法在综合实力上超同行 | 1 | 2 | 3 | 4 | 5 |
| 在确定战略方案前，我们能拟订多种备选方案 | 1 | 2 | 3 | 4 | 5 |
| 多数情况下，我们能及时制定战略决策 | 1 | 2 | 3 | 4 | 5 |
| 我们能有效配置本地、外地的资源 | 1 | 2 | 3 | 4 | 5 |
| 我们能快速重组内部资源 | 1 | 2 | 3 | 4 | 5 |
| 我们公司内部能有效沟通 | 1 | 2 | 3 | 4 | 5 |
| 我们公司内部责任明晰，权力明确 | 1 | 2 | 3 | 4 | 5 |
| 我们每个部门都有业务水平较高的人员 | 1 | 2 | 3 | 4 | 5 |
| 我们能先于竞争者觉察环境的变化 | 1 | 2 | 3 | 4 | 5 |
| 我们能从市场中发现机会与威胁 | 1 | 2 | 3 | 4 | 5 |
| 我们有比较完善的管理信息系统 | 1 | 2 | 3 | 4 | 5 |
| 我们与同行有广泛的合作 | 1 | 2 | 3 | 4 | 5 |
| 我们与行业协会保持经常的联系 | 1 | 2 | 3 | 4 | 5 |
| 我们经常参加业内的交流和活动 | 1 | 2 | 3 | 4 | 5 |
| 我们与潜在的有限合伙人有很广泛的联系 | 1 | 2 | 3 | 4 | 5 |
| 我们与主要有限合伙人保持经常的交流与合作 | 1 | 2 | 3 | 4 | 5 |
| 我们有投资选择的评估标准和制度 | 1 | 2 | 3 | 4 | 5 |
| 我们经常引进新的投资决策方法和思路 | 1 | 2 | 3 | 4 | 5 |
| 我们能准确选择新投资领域 | 1 | 2 | 3 | 4 | 5 |

24. 与其他 PE 公司相比，在投资收益方面，您所在的公司：（1 为非常不同意；2 为不同意；3 为不确定；4 为同意；5 为非常同意）

| | | | | | |
|---|---|---|---|---|---|
| 近三年来，我们的平均投资收益率较高 | 1 | 2 | 3 | 4 | 5 |
| 近三年来，我们的平均投资失败率较低 | 1 | 2 | 3 | 4 | 5 |

## 三、投资决策影响因素

25. PE 决策数量的变化：（1 为减少很多；2 为减少一些；3 为基本不变；4 为增加一些；5 为增加很多）

| | | | | | |
|---|---|---|---|---|---|
| 第三年来，PE 成功的数量 | 1 | 2 | 3 | 4 | 5 |
| 近三年来，PE 机会 | 1 | 2 | 3 | 4 | 5 |

26. 区域经济政策的衡量：（1 为非常不同意；2 为不同意；3 为不确定；4 为同意；5 为非常同意）

| | | | | | |
|---|---|---|---|---|---|
| 我们优先投资有政府优惠政策支持的企业 | 1 | 2 | 3 | 4 | 5 |
| 我们优先投资有税收优惠政策的企业 | 1 | 2 | 3 | 4 | 5 |
| 我们优先投资国家和地方政府优先和倡导发展的企业 | 1 | 2 | 3 | 4 | 5 |
| 我们优先到对 PE 有优惠政策的地区投资 | 1 | 2 | 3 | 4 | 5 |

27. 区域资源条件的衡量（1 为非常不同意；2 为不同意；3 为不确定；4 为同意；5 为非常同意）

| | | | | | |
|---|---|---|---|---|---|
| 我们优先投资土地价格较低的地区 | 1 | 2 | 3 | 4 | 5 |
| 我们优先投资生产资料价格较低的地区 | 1 | 2 | 3 | 4 | 5 |
| 我们优先投资交通比较发达的地区 | 1 | 2 | 3 | 4 | 5 |
| 我们优先投资距公司 200 公里以内的地区 | 1 | 2 | 3 | 4 | 5 |

28. 在投资筛选时，我们对企业高管的要求是：（1 为非常不同意；2 为不同意；3 为不确定；4 为同意；5 为非常同意）

| | | | | | |
|---|---|---|---|---|---|
| 经常设置有挑战的目标 | 1 | 2 | 3 | 4 | 5 |
| 不轻易放弃目标 | 1 | 2 | 3 | 4 | 5 |
| 不满足现状 | 1 | 2 | 3 | 4 | 5 |
| 面对环境变化，不断产生新的经营思路 | 1 | 2 | 3 | 4 | 5 |
| 持续进行管理创新 | 1 | 2 | 3 | 4 | 5 |
| 持续改进公司运作模式以适应企业的发展 | 1 | 2 | 3 | 4 | 5 |
| 主动从不同渠道收集市场信息 | 1 | 2 | 3 | 4 | 5 |
| 主动鉴别可利用的投资机会 | 1 | 2 | 3 | 4 | 5 |
| 迅速察觉公司内部问题并主动解决 | 1 | 2 | 3 | 4 | 5 |
| 较快察觉消费者的需求 | 1 | 2 | 3 | 4 | 5 |
| 高管的个人目标与公司的经营目标一致 | 1 | 2 | 3 | 4 | 5 |
| 高管们具有相同的价值取向 | 1 | 2 | 3 | 4 | 5 |
| 公司面临挑战时，能团结面对 | 1 | 2 | 3 | 4 | 5 |
| 每位高管都有自己的专长或专门知识 | 1 | 2 | 3 | 4 | 5 |
| 高管掌握的专业知识和技能对公司经营是不可或缺的 | 1 | 2 | 3 | 4 | 5 |
| 高管的工作经历很不相同 | 1 | 2 | 3 | 4 | 5 |
| 在企业发展问题上，高管能相互协商 | 1 | 2 | 3 | 4 | 5 |
| 在沟通协商时，高管都能充分发表自己的观点 | 1 | 2 | 3 | 4 | 5 |
| 能根据团队共商结果修订原经营方案 | 1 | 2 | 3 | 4 | 5 |

29. 在投资筛选时，我们对企业战略和运作能力的要求是：（1为非常不同意；2为不同意；3为不确定；4为同意；5为非常同意）

| | | | | | |
|---|---|---|---|---|---|
| 有清晰、明确的企业发展目标 | 1 | 2 | 3 | 4 | 5 |
| 总是设法在综合实力上赶超同行 | 1 | 2 | 3 | 4 | 5 |
| 能先于竞争者觉察环境的变化 | 1 | 2 | 3 | 4 | 5 |
| 能从市场环境中发现机会与威胁 | 1 | 2 | 3 | 4 | 5 |
| 有比较完善的管理信息系统 | 1 | 2 | 3 | 4 | 5 |
| 在确定战略方案前，能拟订多种备选方案 | 1 | 2 | 3 | 4 | 5 |
| 能对各备选方案的收益、风险进行仔细分析 | 1 | 2 | 3 | 4 | 5 |
| 多数情况下能及时制定战略决策 | 1 | 2 | 3 | 4 | 5 |

30. 在投资筛选时，我们对企业资源整合能力的要求是：（1为非常不同意；2为不同意；3为不确定；4为同意；5为非常同意）

| | | | | | |
|---|---|---|---|---|---|
| 企业内部能有效沟通 | 1 | 2 | 3 | 4 | 5 |
| 企业内部责任明晰，权利明确 | 1 | 2 | 3 | 4 | 5 |
| 企业每个部门都有业务水平较高人员 | 1 | 2 | 3 | 4 | 5 |
| 有选择高质量供应商的评估标准和制度 | 1 | 2 | 3 | 4 | 5 |
| 更倾向选择优质客户 | 1 | 2 | 3 | 4 | 5 |
| 经常引进新的技术和工艺 | 1 | 2 | 3 | 4 | 5 |
| 准确选择新的业务领域 | 1 | 2 | 3 | 4 | 5 |
| 能快速重新组合企业内部的人、财、物资源以适应变化 | 1 | 2 | 3 | 4 | 5 |
| 能有效配置本地、外地的外部资源 | 1 | 2 | 3 | 4 | 5 |
| 能及时调整企业内部架构以适应企业发展 | 1 | 2 | 3 | 4 | 5 |
| 能迅速熟悉新引进的技术和工艺，使之形成生产能力 | 1 | 2 | 3 | 4 | 5 |

31. 在投资筛选时，我们对员工报酬盈利能力与费用的要求是：（1 为非常不同意；2 为不同意；3 为不确定；4 为同意；5 为非常同意）

| | | | | | |
|---|---|---|---|---|---|
| 高管和员工工资水平较低的企业 | 1 | 2 | 3 | 4 | 5 |
| 与主要竞争者相比近三年员工数增长较快的企业 | 1 | 2 | 3 | 4 | 5 |
| 与主要竞争者相比近三年销售增长率较高的企业 | 1 | 2 | 3 | 4 | 5 |
| 与主要竞争者相比近三年利润增长率较高的企业 | 1 | 2 | 3 | 4 | 5 |
| 与主要竞争者相比近三年市场份额增长率较快的企业 | 1 | 2 | 3 | 4 | 5 |
| 管理费用较低的企业 | 1 | 2 | 3 | 4 | 5 |

32. 在投资筛选时，我们对企业网络关系能力的要求是：（1 为非常不同意；2 为不同意；3 为不确定；4 为同意；5 为非常同意）

| | | | | | |
|---|---|---|---|---|---|
| 有范围很广泛的供应商关系，有广泛的客户关系 | 1 | 2 | 3 | 4 | 5 |
| 与本地政府和行业协会保持经常的联系 | 1 | 2 | 3 | 4 | 5 |
| 经常参加业内的交流和活动 | 1 | 2 | 3 | 4 | 5 |
| 与主要供应商有长期稳定的合作基础 | 1 | 2 | 3 | 4 | 5 |
| 与主要客户有长期稳定的合作基础 | 1 | 2 | 3 | 4 | 5 |
| 与科研院所有长期稳定的合作基础 | 1 | 2 | 3 | 4 | 5 |

33. 在投资筛选时，我们对企业市场能力的要求是：（1 为非常不同意；2 为不同意；3 为不确定；4 为同意；5 为非常同意）

| | | | | | |
|---|---|---|---|---|---|
| 产品市场发展前景较好的企业 | 1 | 2 | 3 | 4 | 5 |
| 具有市场竞争优势或潜在市场竞争优势的企业 | 1 | 2 | 3 | 4 | 5 |
| 具有完善市场发展战略和市场成长策略的企业 | 1 | 2 | 3 | 4 | 5 |
| 具备完善和优质的消费者管理体系的企业 | 1 | 2 | 3 | 4 | 5 |
| 能提供市场需要的优质产品和服务的企业 | 1 | 2 | 3 | 4 | 5 |
| 地方政府对企业持合作和支持态度 | 1 | 2 | 3 | 4 | 5 |

34. 在投资筛选时，我们对退出期望的要求是：（1 为非常不同意；2 为不同意；3 为不确定；4 为同意；5 为非常同意）

| | | | | | |
|---|---|---|---|---|---|
| 退出时较易融资转让或上市的企业 | 1 | 2 | 3 | 4 | 5 |
| 退出时较易实现预定投资目标的企业 | 1 | 2 | 3 | 4 | 5 |
| 退出时有可能带来投资附加收获的企业 | 1 | 2 | 3 | 4 | 5 |
| 预计退出时间能满足基金管理要求的企业 | 1 | 2 | 3 | 4 | 5 |

## 四、退出的影响因素

35. 请注明您的公司成员在被投资公司活动中的参与和互动的典型水平：

□高（即直接参与投资组合公司的管理，经营合作伙伴等）

□中（即定期检测，频繁的董事会会议等）

□低（即与上市公司的监事会的监督水平相比）

36. 独立董事通常占被投资企业董事会的比例：________________（%）。

37. 典型的被投资企业的董事会会议频率：

□每半年一次；□每季度一次；□每月一次；□每周一次；□其他频率：______________

38. 被投资企业 CEO 或 CFO 在您的公司退出前发生变更的频率是多少？（占退出数量的百分比）：________________%

39. 在一般情况下，什么是您基于先验经验的首选的单一退出路径：

□首次公开发行；□资本重组；□销售；□无首选的单一退出路径；□出售给财务投资者（二次收购）；□由原来的业主回购；□无意见

40. 被投资企业 IPO 后（您应该已经完成了一些），您公司保留被投资公司的股权平均多少个月（包括禁售期）________________

41. 您在评估单个投资和基金整体的表现时关注哪一个指标：

□内部收益率（IRR）；□资本收益；□原投入资本额的倍数；□没有首选的度量标准；□无意见

42. 在您过去的退出经历中，退出阶段通常持续多少个月（从具体开始退出准备工作时计算）：________________

43. 在您过去的退出经历中，您的领导或参与的联合投资占退出交易的百分比：________________%

44. PE 退出的数量：（1 为减少很多；2 为减少一些；3 为基本不变；4 为增加一些；5 为增加很多）

| | | | | | |
|---|---|---|---|---|---|
| 近三年来，退出数量 | 1 | 2 | 3 | 4 | 5 |

45. PE 退出的客观环境和主观意愿（在其他条件不相同的情况下）：（1 为非常不同意；2 为不同意；3 为不确定；4 为同意；5 为非常同意）

| | | | | | |
|---|---|---|---|---|---|
| 近三年来，退出较容易 | 1 | 2 | 3 | 4 | 5 |
| 近三年来，退出全部是主动的 | 1 | 2 | 3 | 4 | 5 |

46. 影响退出的因素：（1 为非常不同意；2 为不同意；3 为不确定；4 为同意；5 为非常同意）

| | | | | | |
|---|---|---|---|---|---|
| 近三年来，退出收入以现金和现金等价物为主 | 1 | 2 | 3 | 4 | 5 |
| 近三年来，退出收入变现速度很快 | 1 | 2 | 3 | 4 | 5 |
| 近三年来，退出收入都及时到账 | 1 | 2 | 3 | 4 | 5 |
| 近三年来，退出项目受到的限制条件较少 | 1 | 2 | 3 | 4 | 5 |
| 近三年来，退出项目获得的政策支持较多 | 1 | 2 | 3 | 4 | 5 |
| 近三年来，退出项目得到了政府退税优惠 | 1 | 2 | 3 | 4 | 5 |
| 近三年来，企业上市退出的难度降低 | 1 | 2 | 3 | 4 | 5 |
| 近三年来，产权的场外交易市场能满足我们退出的需求 | 1 | 2 | 3 | 4 | 5 |
| 近三年来，社会资本供给很充足 | 1 | 2 | 3 | 4 | 5 |
| 近三年来，退出所在地企业间的无担保借贷较容易 | 1 | 2 | 3 | 4 | 5 |
| 近三年来，退出企业所在地银行信贷额度取得较容易 | 1 | 2 | 3 | 4 | 5 |
| 近三年来，外界对退出企业所在地企业信誉的整体评价较好 | 1 | 2 | 3 | 4 | 5 |
| 近三年来，退出项目获得企业创始股东的支持 | 1 | 2 | 3 | 4 | 5 |
| 近三年来，退出项目获得其他非创始股东的支持 | 1 | 2 | 3 | 4 | 5 |
| 近三年来，退出项目得到企业高管的支持 | 1 | 2 | 3 | 4 | 5 |

续表

| | | | | | |
|---|---|---|---|---|---|
| 近三年来，退出项目得到企业中层管理人员的支持 | 1 | 2 | 3 | 4 | 5 |
| 近三年来，退出项目得到法律顾问的支持 | 1 | 2 | 3 | 4 | 5 |
| 近三年来，退出项目得到会计顾问的支持 | 1 | 2 | 3 | 4 | 5 |
| 近三年来，退出项目得到审计顾问的支持 | 1 | 2 | 3 | 4 | 5 |
| 近三年来，退出项目得到交易顾问的支持 | 1 | 2 | 3 | 4 | 5 |
| 近三年来，退出交易具有较多的潜在购买者 | 1 | 2 | 3 | 4 | 5 |
| 近三年来，退出交易具有较多的潜在购买资金 | 1 | 2 | 3 | 4 | 5 |
| 近三年来，退出交易比较容易达成 | 1 | 2 | 3 | 4 | 5 |
| 近三年来，退出交易成本较低 | 1 | 2 | 3 | 4 | 5 |
| 近三年来，退出项目获得了较好的会计账面收入 | 1 | 2 | 3 | 4 | 5 |
| 近三年来，退出项目扩大了我们的知名度 | 1 | 2 | 3 | 4 | 5 |
| 近三年来，退出项目增加了我们的美誉度 | 1 | 2 | 3 | 4 | 5 |
| 近三年来，退出项目提高了外界对我们的关注度 | 1 | 2 | 3 | 4 | 5 |
| 近三年来，退出项目拓宽了我们在投资界的人脉网络 | 1 | 2 | 3 | 4 | 5 |
| 近三年来，退出项目拓宽了我们在企业界的人脉网络 | 1 | 2 | 3 | 4 | 5 |
| 近三年来，退出项目加强了我们与政府和行业协会的联系 | 1 | 2 | 3 | 4 | 5 |

47. 在您过去完成的退出中，被投资企业的管理层的目标和希望影响最终退出路径选择有多少？（占全部退出的%）________

48. 下面哪种陈述在考虑退出或识别退出机会时，经常在您的组织使用？

□退出策略在投资时就已经计划好；□在退出开始前，公司的信息系统和报告制度已经按照上市公司的要求运行；□每次投资评价包含退出时机、潜在的购买者、公开市场上市方面的分析；□使被投资公司的策略被设置得尽可能适合潜在的退出机会；□在讨论退出机会时，顾问参与或至少规律的提供信息

49. 在您过去的退出中，有两种以上不同的退出选择的占全部退出的比例有多少？________

50. 对您参与本次调查意愿的描述是：（1为非常不同意；2为不同意；3为不确定；4为同意；5为非常同意）

| | | | | | |
|---|---|---|---|---|---|
| 我愿意参加本次调查并填写问卷 | 1 | 2 | 3 | 4 | 5 |

**图书在版编目（CIP）数据**

民间资本转化为私募股权投资的影响因素研究/张旭波著. —北京：经济管理出版社，2015.6

ISBN 978-7-5096-3852-1

Ⅰ.①民… Ⅱ.①张… Ⅲ.①民间投资—影响—股权—投资基金—研究—中国 Ⅳ.①F832.51

中国版本图书馆 CIP 数据核字(2015)第 135465 号

组稿编辑：杨雅琳
责任编辑：杨雅琳 高 娅
责任印制：黄章平
责任校对：王 淼

出版发行：经济管理出版社
（北京市海淀区北蜂窝 8 号中雅大厦 A 座 11 层 100038）
网 址：www. E-mp. com. cn
电 话：（010）51915602
印 刷：北京晨旭印刷厂
经 销：新华书店
开 本：720mm×1000mm/16
印 张：12
字 数：222 千字
版 次：2015 年 6 月第 1 版 2015 年 6 月第 1 次印刷
书 号：ISBN 978-7-5096-3852-1
定 价：48.00 元